Die Gebührengesetznovelle

vom 20. August 1906

mit Abdruck der Begründung des Gesetzentwurfs und der Vollzugsbekanntmachung vom 8. Januar 1907.

Für den praktischen Gebrauch zusammengestellt

von

Dr. W. Dennler,

K. Notar in Lauf a. P.

München 1907.

J. Schweitzer Verlag (Arthur Sellier).

Vorwort.

Der Entwurf eines Gesetzes, die Aenderung des Gesetzes über das Gebührenwesen betreffend, wurde am 5. März 1906 vom K. Staatsministerium der Finanzen zunächst an die Kammer der Abgeordneten gebracht (Verh. d. K. d. Abg. Beil. 191, Beil.Bd. II S. 77). Der Entwurf wurde in der Kammer der Abgeordneten vom XIII. (besonderen) Ausschuß und in der Kammer der Reichsräte vom vereinigten I. und II. Ausschuß vorberaten. Auf Grund der Beschlüsse des Ausschusses der Abgeordnetenkammer erfuhr der Entwurf verschiedentliche Aenderungen. Die Aenderungen betrafen Art. I Ziff. 1, 4, 7, 9, 11, 14, 18, Art. IV und VI; außerdem wurde noch bei Art. I eine Ziffer 23a eingeschaltet (Verh. d. K. d. Abg. Beil. 408, Beil.Bd. II S. 295).

Ueber den Entwurf in der Fassung der Ausschußbeschlüsse wurde von der Kammer der Abgeordneten in den Plenarsitzungen vom 31. Juli 1906 und 1. August 1906 Beratung gepflogen, und wurde dem Entwurf in dieser Fassung die Zustimmung erteilt (Sten. Ber. d. K. d. Abg. Nr. 187 Bd. V S. 920—926, Nr. 188 Bd. V S. 928—949). Von der Kammer der Reichsräte wurde der Entwurf in der Plenarsitzung vom 14. August 1906 beraten und in der von der Kammer der Abgeordneten beschlossenen Fassung en bloc angenommen (Sten. Ber. d. K. d. RR. Nr. 17 Bd. I

S. 446). Das Gesetz wurde am 20. August 1906 von der Allerhöchsten Stelle sanktioniert und in Nr. 54 des Gesetz- und Verordnungsblattes 1906 S. 573 publiziert.

Zum Vollzug des Gesetzes ist unterm 8. Januar 1907 eine Bekanntmachung der K. Staatsministerien der Justiz und der Finanzen erschienen (JustMBl. 1907 Nr. II S. 11, FinMBl. 1907 Nr. 2 S. 43).

Zweck der vorwürfigen Ausgabe ist, durch Zusammenstellung der Begründung und Ergebnisse der Gesetzgebungsverhandlungen sowie der Vollzugsbekanntmachung die praktische Anwendung der Novelle zu erleichtern.

Lauf a. P., den 11. Februar 1907.

Dr. Dennler.

Einleitung.

Im letzten Landtage wurde sowohl bei der Beratung des Justizetats (vgl. Sten. Ber. d. K. d. Abg. 1904 Bd. 12 S. 690, 700) wie bei der Beratung des Gebühren- und Erbschaftssteuer-Etats (vgl. Sten. Ber. d. K. d. Abg. 1904 Bd. 14 S. 744, Sten. Ber. d. K. d. RR. 1904 Bd. 3 S. 213/214) der dringende Wunsch an die Staatsregierung gerichtet, die Gebühren für die Verträge über die Auseinandersetzung des Gesamtguts einer ehelichen oder fortgesetzten Gütergemeinschaft zu ermäßigen. Nach der Rechtsprechung des Obersten Landesgerichts ist die Gebühr seit dem Inkrafttreten des Bürgerlichen Gesetzbuchs aus dem Werte des ganzen Gesamtguts zu entrichten. In der Zeit vor dem Inkrafttreten des Bürgerlichen Gesetzbuchs wurde sie, wenigstens soweit es sich um die Teilung des Gesamtguts einer durch den Tod aufgelösten ehelichen Gütergemeinschaft handelte, regelmäßig nur aus dem Werte des halben Gesamtguts erhoben. Es ist anzuerkennen, daß die Berechnung der Gebühr aus dem Werte des ganzen Gesamtguts wenigstens für die Regelfälle, in welchen die Teilung durch den Tod eines Ehegatten erforderlich wird, eine Härte enthält. Eine Beseitigung dieser Härte ist jedoch nur auf dem Wege der Aenderung des Gebührengesetzes möglich, welche durch den gegenwärtigen Entwurf herbeigeführt werden soll.

Die Staatsregierung glaubte nun sich nicht auf diese Aenderung des Gebührengesetzes beschränken, sondern gleichzeitig in einigen anderen Beziehungen Erleichterungen gewähren zu sollen.

Hier kommt vor allem die Vorschrift in Betracht, daß der Erbe zur Entrichtung der Besitzveränderungsgebühr für ein auf ihn im Erbwege übergegangenes Grundstück auch dann verpflichtet ist, wenn er es einem Vermächtnisnehmer weiter übertragen muß. Da für diese Uebertragung gleichfalls eine Gebühr, nämlich die Vertrags- bzw. Auflassungsgebühr, zu entrichten ist, ergibt sich eine Doppelbesteuerung eines und desselben Gegenstandes. Hierüber ist von verschiedenen Seiten Klage geführt worden. Der Entwurf will gestatten, daß die Besitzveränderungsgebühr, wenn die Uebertragung des Grundstücks an den Vermächtnisnehmer erfolgt und die für die Uebertragung geschuldete Gebühr entrichtet ist, dem Erben zurückvergütet wird.

Eine weitere Gebührenerleichterung besteht — den Wünschen der Beteiligten wie früheren Anregungen in der Kammer der Abgeordneten entsprechend (vgl. Sten. Ber. d. K. d. Abg. 1893/94 Bd. 4 S. 16) — darin, daß bei Gesuchen um Bewilligung zur Annahme von Kostkindern Gebühren nicht mehr zur Erhebung gelangen sollen.

Endlich bringt der Entwurf im Art. I Ziff. 1, 4, 5, 6, 11, 17 und 18 noch teilweise Ermäßigungen der Gebühr für die Eintragung in das Handelsregister sowie in Vormundschaftssachen und in Grundbuchsachen, die in der speziellen Begründung ihre weitere Rechtfertigung finden werden.

Die hienach im Entwurfe vorgesehenen Gebührenerleichterungen werden einen nicht unerheblichen Ausfall an Gebühren ergeben. Die Rücksicht auf die Finanzlage des Staates erheischt es, dafür Sorge zu tragen, daß diese Gebührenausfälle durch entsprechende Erhöhung der Gebührensätze auf anderen Gebieten ihre Ausgleichung finden. Hiebei wurde jedoch grundsätzlich daran festgehalten, daß von dieser Maßnahme die minderbemittelten Bevölkerungsklassen überhaupt nicht getroffen werden dürfen, sondern eine Gebührenerhöhung nur in den Fällen eintreten soll, in denen mit Rücksicht auf die wirtschaftliche Bedeutung des Gegenstandes die bisherige Gebühr als zu niedrig sich erwies oder in denen die Tätigkeit der Behörden von Personen in Anspruch genommen wird, die wegen ihrer günstigen Vermögenslage eine mäßige Erhöhung des bisherigen Gebührensatzes ohne besondere Beschwerde zu tragen vermögen.

Von diesem Gesichtspunkte aus werden Gebührenerhöhungen vorgeschlagen:

1. im Art. I Ziff. 1 für die Eintragung leistungsfähigerer Einzelfirmen, offener Handelsgesellschaften und Kommanditgesellschaften, Aktiengesellschaften, Kommanditgesellschaften auf Aktien und Gesellschaften mit beschränkter Haftung, endlich für die Eintragung einer Prokura in das Handelsregister;

2. im Art. I Ziff. 3 und 15 für die Errichtung von Aktiengesellschaften, Kommanditgesellschaften auf Aktien und Gesellschaften mit beschränkter Haftung;

3. im Art. I Ziff. 4 für Vormundschaften bei dem Vorhandensein eines größeren Mündelvermögens; endlich

4. im Art. I Ziff. 19 für die Volljährigkeitserklärung, dann für die Entscheidungen über Befreiungsgesuche nach §§ 1303, 1312, 1313 und 1744 des Bürgerlichen Gesetzbuchs und für die Ehelichkeitserklärung.

Die übrigen Vorschläge des Entwurfes betreffen teils Aenderungen formaler Natur, teils bringen sie die ursprüngliche Absicht des Gesetzes klarer zum Ausdruck oder stellen sich lediglich als Konsequenz der durch den Entwurf beabsichtigten Aenderung einiger Vorschriften des bisherigen Gesetzes dar.

Die finanziellen Wirkungen des Entwurfes können der Natur der Sache nach ziffermäßig nicht geschätzt werden. Doch darf angenommen werden, daß die Ausfälle, die sich durch die gewährten Gebührenerleichterungen notwendig ergeben müssen, in den vorgeschlagenen Gebührenerhöhungen Deckung finden werden.

Gesetz, die Aenderung des Gesetzes über das Gebührenwesen betreffend.

(GVBl. 1906 Nr. 54, S. 573.)

Im Namen Seiner Majestät des Königs.

Luitpold, von Gottes Gnaden Königlicher Prinz von Bayern, Regent.

Wir haben nach Vernehmung des Staatsrates mit Beirat und unter Zustimmung der Kammer der Reichsräte und der Kammer der Abgeordneten beschlossen und verordnen, was folgt:

Artikel I.

Das Gesetz über das Gebührenwesen in der Fassung der Bekanntmachung vom 11. November 1899 (GVBl. S. 904 ff.) und des Gesetzes vom 9. August 1902 das Nachlaßwesen betreffend (GVBl. S. 463 ff.) wird dahin abgeändert:

1. Der Art. 55 erhält folgende Fassung:

Für die Eintragungen in das Handelsregister, einschließlich der dieselben begleitenden gerichtlichen Handlungen, werden, soweit nicht reichsgesetzlich ein anderes bestimmt ist, folgende Gebühren erhoben:

1. bei Einzelkaufleuten:

a) für die erste Eintragung der Firma

2 Mk., wenn der Kaufmann mit einer Gewerbsteuer überhaupt nicht veranlagt ist oder wenn die von dem Kaufmann zu entrichtende Jahresgewerbsteuer 20 Mk. nicht übersteigt,

5 Mk., wenn sie mehr als 20 Mk., aber nicht mehr als 50 Mk. beträgt,
10 Mk., wenn sie mehr als 50 Mk., aber nicht mehr als 100 Mk. beträgt,
20 Mk., wenn sie mehr als 100 Mk., aber nicht mehr als 300 Mk. beträgt,
30 Mk., wenn sie mehr als 300 Mk., aber nicht mehr als 500 Mk. beträgt,
50 Mk., wenn sie mehr als 500 Mk., aber nicht mehr als 1000 Mk. beträgt,
75 Mk., wenn sie mehr als 1000 Mk. beträgt;[1])

b) für jede spätere Eintragung oder Löschung die Hälfte der Sätze zu a;

2. bei offenen Handelsgesellschaften und Kommanditgesellschaften:

a) für die erste Eintragung das Zweifache der Sätze zu 1 a,

b) für jede spätere Eintragung oder Löschung die Sätze zu 1 a;

3. bei Aktiengesellschaften, Kommanditgesellschaften auf Aktien und Gesellschaften mit beschränkter Haftung:

a) für die Eintragung der Gesellschaft
30 Mk., wenn das Gesellschaftskapital nicht mehr als 50 000 Mk. beträgt,
40 Mk., wenn es mehr als 50 000 Mk., aber nicht mehr als 100 000 Mk. beträgt;

---

[1]) Ziff. 1a beruht in seiner jetzigen Fassung auf einem Beschluß des Ausschusses der Kammer der Abgeordneten. Die Aenderungen gegenüber dem Entwurfe bestehen darin, daß bei der Skala von 20 Mk. statt 500 Mk. 300 Mk. gesetzt wurden, daß die Zwischenstufe von 30 Mk. eingeschoben wurde, daß die Skala von 50 Mk. vorgesehen wurde für Gewerbtreibende, die eine Steuer von mehr als 500 Mk.,

beträgt es mehr als 100 000 Mk., so erhöht sich die Gebühr von 40 Mk. für je 10 000 Mk. um je 1 Mk., mindestens ist jedoch das Zweifache der Sätze zu 1a zu entrichten;[1])

b) für die Eintragung eines Beschlusses über Erhöhung des Gesellschaftskapitals die Sätze zu 3a nach dem Betrage, um den das Kapital erhöht wird.

Ist das Kapital nicht voll einbezahlt, so ist der Gesellschaft auf Verlangen zu gestatten, von den Gebühren zu a und b zunächst nur denjenigen Betrag zu bezahlen, welcher dem eingezahlten Kapital entspricht, und den Rest nach Maßgabe der erfolgenden Einzahlungen nachträglich zu entrichten; im Falle zu a ist jedoch mindestens das Zweifache der Sätze zu 1a sofort zu bezahlen;

c) für alle sonstigen Eintragungen und Löschungen die Sätze zu 1a;

4. für die Eintragung einer Prokura die Sätze zu 1a, für die Eintragung des Erlöschens derselben die Sätze zu 1b.[2])

Begründung:

Nach dem geltenden Rechte werden für die Eintragungen in das Handelsregister lediglich Gebühren nach festen Sätzen erhoben, die bei der erstmaligen Eintragung der Firma eines Einzelkaufmanns 5 Mk., für spätere Eintragungen und Löschungen

---

aber nicht von mehr als 1000 Mk. zahlen, und daß die Stufe von 75 Mk. für Gewerbetreibende mit einer Steuer über 1000 Mk. angereiht wurde (Sten. Ber. d. K. d. Abg. V 932).

[1]) Ein Antrag, der Ziff. 3a eine Fassung dahin zu geben, daß für die Eintragung der Gesellschaft auf je 10000 Mk. Gesellschaftskapital 2 Mk., mindestens jedoch das Zweifache der Sätze zu 1a zu entrichten ist, wurde abgelehnt (a. a. O. 935).

[2]) Bezüglich Anwendung der Ziff. 1—4 vgl. des näheren Ziff. I 1—6, 8 der VollzBek. vom 8. Januar 1907 (JustMBl. S. 11, FinMBl. S. 43).

2 Mk., bei offenen Handelsgesellschaften und Kommanditgesellschaften 10 Mk. bzw. 5 Mk., bei Gesellschaften mit beschränkter Haftung 20 Mk. für die erste Eintragung, 10 Mk. für die Eintragung von Statutenänderungen und 5 Mk. für sonstige Eintragungen und Löschungen, endlich bei Aktiengesellschaften und Kommanditgesellschaften auf Aktien 30 Mk. bzw. 20 Mk. bzw. 10 Mk. betragen. Diese Gebühren sind mit Rücksicht auf das Maß der Mühewaltung des Gerichts und auf die Leistungsfähigkeit der Zahlungspflichtigen im allgemeinen unverhältnismäßig niedrig bemessen. In anderen Bundesstaaten sind die Gebühren erheblich höher bestimmt. So erhebt z. B. Preußen für die erste Eintragung der Firma eines Einzelkaufmanns eine nach Klassensätzen abgestufte Gebühr von 2 Mk. bis 100 Mk., bei offenen Handelsgesellschaften und Kommanditgesellschaften eine solche bis 200 Mk., bei Aktiengesellschaften und Gesellschaften mit beschränkter Haftung eine Wertgebühr nach dem Betrage des Gesellschaftskapitals. Der Entwurf lehnt sich grundsätzlich an das System des preußischen Gerichtskostengesetzes an. Hienach soll künftig für die Gebührenberechnung bei der Eintragung von Einzelfirmen, offenen Handelsgesellschaften und Kommanditgesellschaften in das Handelsregister ausschließlich die Höhe der Gewerbsteuerveranlagung maßgebend sein, da diese den geeignetsten Maßstab für die Beurteilung der Leistungsfähigkeit des gewerblichen Unternehmens bildet. Der Entwurf beginnt mit einem Gebührensatze von 2 Mk., der dann zur Anwendung gelangen soll, wenn der Gewerbtreibende mit einer Gewerbsteuer überhaupt nicht veranlagt ist (Art. 21, 22 des Gewerbsteuergesetzes) oder wenn die von dem Kaufmann zu entrichtende Jahresgewerbsteuer den Betrag von 20 Mk. nicht übersteigt; er bringt daher gegenüber dem geltenden Rechte eine Ermäßigung der Eintragungsgebühr um 3 Mk., die ausschließlich den weniger leistungsfähigen Personen und Unternehmungen zugute kommt. Bei Firmen, die eine Jahresgewerbsteuer von nicht mehr als 50 Mk. entrichten, soll es bei dem bisherigen Gebührensatze von 5 Mk. verbleiben. Dagegen soll eine stufenweise Erhöhung der Eintragungsgebühr auf die im Entwurfe vorgeschlagenen Sätze dann eintreten, wenn die Jahresgewerbsteuer den Betrag von 50 Mk. übersteigt. Wird erwogen, daß es sich lediglich um größere und leistungsfähigere Unternehmungen handelt, so erscheint die vorgeschlagene Erhöhung in diesen Fällen umsomehr gerechtfertigt, als diese Gebühr nur einmal erhoben

wird und die gesamte Tätigkeit des Registergerichts umfaßt, die durch die Eintragung veranlaßt ist.

Bei offenen Handelsgesellschaften und Kommanditgesellschaften soll entsprechend ihrer erhöhten wirtschaftlichen Bedeutung das Zweifache der Gebühr für die Eintragung einer Einzelfirma erhoben werden, wogegen für alle späteren Eintragungen und Löschungen sowohl bei Einzelfirmen wie bei den obengenannten Gesellschaften die im Entwurfe unter Ziff. 1 b und Ziff. 2 b vorgeschlagenen ermäßigten Sätze Platz zu greifen hätten.

Anlangend die Aktiengesellschaften, Kommanditgesellschaften auf Aktien und Gesellschaften mit beschränkter Haftung, so stellt der Entwurf nach dem Vorbilde der Gesetzgebungen anderer Bundesstaaten die Gesellschaften mit beschränkter Haftung den Aktiengesellschaften und Kommanditgesellschaften auf Aktien gleich, da bei den Eintragungen von Gesellschaften mit beschränkter Haftung das Maß der dem Registerrichter obliegenden Mühe kein geringeres ist als bei den Eintragungen von Gesellschaften der vorerwähnten Art. Für die Berechnung der Eintragungsgebühr soll hier zunächst die Höhe des Gesellschafts- oder Stammkapitals maßgebend sein und auf die Steuerleistung nur dann zurückgegriffen werden, wenn die nach der Höhe des Gesellschaftskapitals abgestufte Gebühr für die erste Eintragung in das Handelsregister niedriger wäre als das Zweifache der für die Eintragung eines Einzelkaufmanns bestimmten Gebühr. Letztere Vorschrift ist aus dem Grunde erforderlich, damit nicht Aktiengesellschaften und Gesellschaften mit beschränkter Haftung gebührenrechtlich günstiger behandelt werden wie offene Handelsgesellschaften und Kommanditgesellschaften. Endlich trifft der Entwurf die der Billigkeit entsprechende Bestimmung, daß der Gesellschaft, wenn das Kapital nicht voll einbezahlt ist, auf Verlangen gestattet wird, von den Gebühren für die erste Eintragung der Gesellschaft in das Handelsregister sowie für die Eintragung des Beschlusses über die Erhöhung des Gesellschaftskapitals zunächst nur denjenigen Betrag zu bezahlen, der dem einbezahlten Kapital entspricht, und den Rest nach Maßgabe der erfolgenden Einzahlungen nachträglich zu entrichten, wobei jedoch auch hier daran festgehalten wird, daß für die erste Eintragung der Gesellschaft mindestens das Zweifache der Gebühr für die Eintragung einer Einzelfirma sofort zu entrichten ist. Zur Erläuterung diene nachstehendes Beispiel:

Es soll eine Aktiengesellschaft oder eine Gesellschaft mit beschränkter Haftung in das Handelsregister eingetragen werden. Ihr Gesellschaftskapital beträgt 2000000 Mk., wovon 500000 Mk. zur Einzahlung gelangt sind. Die Gesellschaft ist mit einer Jahresgewerbsteuer von mehr als 500 Mk. veranlagt. Die Eintragungsgebühr würde sich bei einem Kapital von 2000000 Mk. auf 230 Mk. berechnen. Da jedoch nur 500000 Mk. einbezahlt sind, würde die Gebühr hieraus nur 80 Mk. betragen. Die Gesellschaft kann nun nicht die Stundung des den Betrag von 80 Mk. übersteigenden Betrags von 150 Mk. verlangen, da sie mindestens das Zweifache der Gebühr für die Eintragung eines Einzelkaufmanns, sohin 100 Mk. sofort zu zahlen verpflichtet ist; es können daher nur 130 Mk. gestundet werden. Werden später weitere 500000 Mk. einbezahlt, so daß nun im ganzen 1000000 Mk. zur Einzahlung gelangt ist, so bleiben, da die Gebühr aus dieser Summe 130 Mk. beträgt, wovon 100 Mk. bereits entrichtet sind, noch 30 Mk. nachzuzahlen. Wird schließlich die restige Million einbezahlt, so ist noch eine Gebühr von 100 Mk. zu entrichten. Wird später das Gesellschaftskapital von 2 Millionen auf 3 Millionen erhöht und von dieser Erhöhung zunächst der Betrag von 500000 Mk. einbezahlt, so ist für die Eintragung des Beschlusses über Erhöhung des Gesellschaftskapitals eine Gebühr von 130 Mk. fällig geworden. Beansprucht die Gesellschaft jedoch Stundung der Gebühr, so ist zunächst nur der Betrag von 80 Mk. zu entrichten, der Restbetrag von 50 Mk. aber, sobald die Vollzahlung des Kapitals erfolgt ist.

Für die Eintragung einer Prokura und für die Eintragung der Löschung derselben enthält das geltende Gesetz keine besonderen Vorschriften; solche Eintragungen unterlagen vielmehr den im Art. 55 des Gebührengesetzes bestimmten ermäßigten Gebühren für spätere auf die Rechtsverhältnisse der Firma bezügliche Eintragungen und Löschungen. Nach dem Vorgange anderer deutscher Gesetzgebungen statuiert der Entwurf nunmehr eine besondere Gebühr für solche Eintragungen. Da hier nur größere kaufmännische Unternehmungen in Betracht kommen, erscheint die Erhebung einer auch der Bedeutung des Gegenstandes entsprechenden Gebühr durchaus gerechtfertigt. Zu bemerken wäre, daß als Eintragung einer Prokura auch die Eintragung einer abgeänderten Prokura (Gesamtprokura statt einer Einzelprokura oder umgekehrt) anzusehen ist.

2. Dem Art. 56 ist am Schlusse beizufügen:

„im Falle der Ziff. 3 a und b des Art. 55 jedoch für die „Eintragung in das Register der Zweigniederlassung höchstens „das Zweifache der Sätze zu 1 a." [1])

Begründung:

Die vorgeschlagene Ergänzung des Art. 56 beruht auf der Erwägung, daß die Prüfungspflicht des Registerrichters, der das Handelsregister der Zweigniederlassung zu führen hat, eine beschränktere ist. Der Entwurf setzt dabei als selbstverständlich voraus, daß es sich um eine Eintragung in das Handelsregister einer deutschen Hauptniederlassung handelt. Ist die Hauptniederlassung im Auslande gelegen, so wird für die Eintragung in das Registergericht der (bayerischen) Zweigniederlassung der vorgeschriebene Gebührensatz voll erhoben.

3. Der Art. 60 erhält nachstehende Fassung:

Für Gesellschaftsverträge oder Beschlüsse, welche die Errichtung von Aktiengesellschaften oder von Kommanditgesellschaften auf Aktien, sowie für Verträge oder Beschlüsse, welche die Erhöhung des Aktien- oder Grundkapitals betreffen, werden, sofern sie nicht von einem bayerischen Notar beurkundet sind, bei der Eintragung in das Handelsregister des Gerichts, in dessen Bezirke die Gesellschaft ihren Sitz hat, neben der Gebühr des Art. 55 Ziff. 3 die im Art. 150 bestimmten Gebühren besonders erhoben.

Für Gesellschaftsverträge, welche die Errichtung einer Gesellschaft mit beschränkter Haftung, sowie für Verträge oder Beschlüsse, welche die Erhöhung des Stammkapitals betreffen, werden, sofern sie nicht von einem bayerischen Notar beurkundet sind, bei der Eintragung in das Handelsregister des Gerichts, in dessen Bezirke die Gesellschaft ihren

[1]) Vgl. Ziff. I 7 und 8 der VollzBek.

Sitz hat, neben der Gebühr des Art. 55 Ziff. 3 die im Art. 150 bestimmten Gebühren besonders erhoben.

Für Gesellschaftsverträge, welche die Errichtung einer Kommanditgesellschaft, sowie für Verträge, welche die Erhöhung der Einlage des Kommanditisten betreffen, wird bei der Eintragung in das Handelsregister des Gerichts, in dessen Bezirke die Gesellschaft ihren Sitz hat, neben der Gebühr des Art. 55 Ziff. 2 die Gebühr des Art. 145 aus der Vermögenseinlage des Kommanditisten, im Falle der Erhöhung der Einlage aus der Erhöhung besonders erhoben, sofern nicht von der Einlage oder der Erhöhung der Einlage schon bei der notariellen Beurkundung die Gebühr des Art. 145 erhoben worden ist.

Die Vorschriften der Abs. 1 bis 3 finden Anwendung, wenn eine außerhalb Bayerns gegründete Aktiengesellschaft, Kommanditgesellschaft auf Aktien, Gesellschaft mit beschränkter Haftung oder Kommanditgesellschaft ihren Sitz nach Bayern verlegt oder daselbst eine Zweigniederlassung errichtet, bei welcher der Hauptgeschäftsbetrieb stattfindet, oder wenn bei einer Gesellschaft der bezeichneten Art, die in Bayern eine Zweigniederlassung errichtet hat, bei welcher der Hauptgeschäftsbetrieb stattfindet, nach der Errichtung das Aktien-, Grund- oder Stammkapital oder die Einlage eines Kommanditisten erhöht wird.[1])

Begründung:

Der Abs. 1 des Art. 60 des Entwurfes unterscheidet sich von der Fassung des Art. 60 Abs. 1 des Gebührengesetzes dadurch, daß die Eingangsworte: „Von Gesellschaftsverträgen (Statuten), welche die Gründung von Aktiengesellschaften . . . betreffen“, ersetzt werden durch die Worte: „Für Gesellschaftsverträge oder Be-

---

[1]) Vgl. Ziff. II 4 der VollzBek.

schlüsse, welche die Errichtung von Aktiengesellschaften . . . betreffen". Die Beifügung der Worte: „oder Beschlüsse" trägt der Rechtsauffassung Rechnung, daß die Fusion von Aktiengesellschaften oder Kommanditgesellschaften auf Aktien sowie ähnliche Rechtsvorgänge (z. B. die Umwandlung einer Aktiengesellschaft aus einer Kommanditgesellschaft auf Aktien) nicht auf einem Gesellschaftsvertrage, sondern auf einem Beschlusse der Generalversammlung beruht, was durch die bisherige Fassung, entgegen der Absicht des Gesetzes, nicht gedeckt wurde.

Der Abs. 2 des Entwurfes entspricht dem Art. 60 Abs. 4, der Abs. 3 dem Art. 60 Abs. 3 des Gebührengesetzes. Durch die anderweitige Fassung dieser Absätze wird, entsprechend der bisherigen Praxis und der Rechtsprechung des Obersten Landesgerichts, klargestellt, daß die verhältnismäßigen Gebühren nicht bloß bei der Eintragung neu errichteter Gesellschaften mit beschränkter Haftung und von Kommanditgesellschaften in das Handelsregister, sondern auch bei der Eintragung später erfolgender Erhöhungen des Stammkapitals oder der Einlagen der Kommanditisten zur Erhebung zu gelangen haben. Wegen der Bestimmung eines gegenüber dem geltenden Rechte erhöhten Gebührensatzes für die Eintragung von Gesellschaften mit beschränkter Haftung in das Handelsregister vgl. die Begründung zum Art. I Ziff. 15.

Nach dem geltenden Rechte (Art. 60 Abs. 2) findet die Erhebung der Gebühr des Art. 150 auch dann statt, wenn eine außerhalb Bayerns gegründete Aktiengesellschaft oder Kommanditgesellschaft auf Aktien ihren Sitz nach Bayern verlegt oder daselbst eine Zweigniederlassung errichtet, bei welcher der Hauptgeschäftsbetrieb stattfindet. Dagegen begründet es gemäß Art. 60 Abs. 3 und 4 bei Eintragungen von Zweigniederlassungen einer Kommanditgesellschaft oder einer Gesellschaft mit beschränkter Haftung keinen Unterschied, ob bei diesen Zweigniederlassungen der Hauptgeschäftsbetrieb in Bayern stattfindet oder nicht (vgl. auch die Beschlüsse des Obersten Landesgerichts vom 10. November 1896, Sammlg. Bd. 16 S. 239, und vom 23. März 1898, Sammlg. Bd. 17 S. 68). Diese Ungleichheit in der steuerlichen Behandlung letzterwähnter Gesellschaften gegenüber den Aktiengesellschaften hat schon häufig zu Klagen der Beteiligten Anlaß gegeben und läßt es gerechtfertigt erscheinen, auch bei der Eintragung von Zweigniederlassungen der Gesellschaften mit beschränkter Haftung und der Kommanditgesellschaften Gebühren nur dann zu erheben, wenn bei diesen

Zweigniederlassungen der Hauptgeschäftsbetrieb in Bayern stattfindet. Auf diesen Erwägungen beruht die Ergänzung des Art. 60 Abs. 2, der dem Art. 60 des Entwurfes nunmehr als Abs. 4 beigefügt ist. Dieser Absatz unterscheidet sich jedoch auch nach einer anderen Richtung von dem bisherigen Art. 60 Abs. 2. Mit Rücksicht auf den Wortlaut dieses Artikels ist die Frage streitig geworden, ob diese Vorschrift auch dann Anwendung findet, wenn eine Aktiengesellschaft oder Kommanditgesellschaft auf Aktien, die in Bayern eine Zweigniederlassung errichtet hat, bei welcher der Hauptgeschäftsbetrieb stattfindet, nach der Errichtung durch Vertrag oder Beschluß das Grund- oder Aktienkapital erhöht. Diese Frage muß mit Rücksicht auf die Entstehungsgeschichte des Art. 60 und in Uebereinstimmung mit der bisherigen Praxis und der oberstrichterlichen Rechtsprechung (vgl. Beschluß vom 21. Februar 1905, Sammlg. Bd. 6 neue Folge S. 120) bejaht werden. Um künftig derartige Zweifel zu beseitigen, empfiehlt sich eine entsprechende Ergänzung des Art. 60 Abs. 2, die folgerichtig sich auch auf die Gesellschaften mit beschränkter Haftung und auf die Kommanditgesellschaften zu erstrecken hat.

4. An die Stelle der Art. 83, 84 treten nachstehende Vorschriften:

Artikel 83.

Bei Vormundschaften ist von dem Vermögen des Mündels, auf welches sich die Vormundschaft erstreckt, bis zu einem Betrage von 6000 Mk. auf je 300 Mk., von da an auf je 400 Mk. eine Mark zu erheben.[1])

Für die Berechnung der Gebühr ist der Stand des reinen Vermögens bei Beendigung der Vormundschaft maßgebend.

---

[1]) Der jetzige Abs. I des Art. 83 beruht auf einem Antrag des Ausschusses der Kammer der Abgeordneten. Im Entwurf lautete Abs. I: „Bei Vormundschaften ist von dem Vermögen des Mündels, auf welches sich die Vormundschaft erstreckt, bis zu einem Betrag von 6000 Mk. auf je 300 Mk., von da an auf je 500 Mk. eine Mark zu erheben“ (Sten. Ber. d. K. d. Abg. V 937).

Die Gebühr des Abs. 1 kommt nicht zur Erhebung, wenn das Vermögen des Mündels weniger als 1000 Mk. beträgt.

Artikel 84.

Außerdem ist von dem Vermögen des Mündels, auf welches sich die Vormundschaft erstreckt, bis zu einem Betrage von 6000 Mk. auf je 300 Mk., von da an auf je 400 Mk. eine jährliche Gebühr von zehn Pfennig zu erheben.[1] [2]) Dabei wird das angefangene Kalenderjahr am Anfang der Vormundschaft voll gerechnet; das angefangene Kalenderjahr am Schlusse der Vormundschaft wird nicht berücksichtigt.

Bei der Berechnung des Vermögens werden die Schulden in Abzug gebracht.

Beträgt das Vermögen des Mündels weniger als 1000 Mk., so wird die Gebühr des Abs. 1 nicht erhoben.[3] [4]

Begründung siehe Ziffer 5.

---

[1]) Satz 1 Abs. I des Art. 84 beruht in seiner jetzigen Fassung ebenfalls auf einem Antrag des Ausschusses der Kammer der Abgeordneten. Im Entwurf lautete Satz 1: „Außerdem ist von dem Vermögen des Mündels, auf welches sich die Vormundschaft erstreckt, bis zu einem Betrage von 6000 Mk. auf je 300 Mk., von da an auf je 500 Mk. eine jährliche Gebühr von zehn Pfennig zu erheben" (a. a. O.).

[2]) Ein Antrag, dem Abs. 1 des Art. 83 folgende Fassung „Bei Vormundschaften ist von dem Vermögen des Mündels, auf welches sich die Vormundschaft erstreckt, auf je 400 Mk. eine Mark zu erheben", und dem Abs. 1 Satz 1 des Art. 84 folgende Fassung „Außerdem ist von dem Vermögen des Mündels, auf welches sich die Vormundschaft erstreckt, auf je 400 Mk. eine jährliche Gebühr von zehn Pfennig zu erheben" zu geben, wurde abgelehnt (a. a. O.).

[3]) Die Gebührensätze des Art. 84 sind erst vom 1. Januar 1907 an maßgebend, Art. III.

[4]) Vgl. Ziff. III 1 und 8 der VollzBek.

5. Die Art. 89, 90 werden durch folgende Vorschriften ersetzt:

Artikel 89.

Bei den zur Besorgung einer einzelnen Angelegenheit bestellten Pflegschaften oder Beistandschaften ist nach dem reinen Werte des Gegenstandes ein Zehnteil der Sätze des § 8 des Reichsgerichtskosten-Gesetzes zu erheben.

Die gleiche Gebühr ist im Falle einer sonstigen Fürsorge für ein unter elterlicher Gewalt stehendes Kind, insbesondere für die Entgegennahme und Prüfung des nach § 1640 des BGB. von dem Vater oder der Mutter einzureichenden Verzeichnisses des Vermögens des Kindes, für die Entscheidung über den Antrag auf Erteilung der Genehmigung zu einem Rechtsgeschäfte und im Falle einer Verfügung nach den §§ 112, 1631, 1635 bis 1637, 1645, 1665, 1677, 2282, 2290, 2347, 2351 des BGB. zu erheben.

Die Vorschriften der Art. 86, 87 finden entsprechende Anwendung.

Die in den Abs. 1, 2 bestimmten Gebühren werden nicht erhoben, wenn das Vermögen des einzelnen Pfleglings oder Kindes weniger als 1000 Mk. beträgt oder soweit rücksichtlich der Person, in deren Interesse ein Pfleger oder ein Beistand bestellt oder eine sonstige Fürsorgetätigkeit ausgeübt wird eine Vormundschaft oder eine Pflegschaft oder Beistandschaft, auf die die Vorschriften des Art. 90 Anwendung finden, eingeleitet oder einzuleiten ist. Die Gebühr des Abs. 2 wird auch dann nicht erhoben, wenn für die Angelegenheit, auf welche sich die Fürsorge des Gerichts bezieht, eine Pflegschaft eingeleitet ist, auf welche die Vorschrift des Abs. 1 Anwendung findet.

Wird in den Fällen der Abs. 1, 2 das Vormundschaftsgericht aus verschiedenen Veranlassungen tätig, so darf der Gesamtbetrag der zu erhebenden Gebühren den Betrag nicht übersteigen, der nach dem Art. 83 im Falle einer Vormundschaft zu erheben wäre.[1])

Artikel 90.

Bei anderen als den im Art. 89 bezeichneten Pflegschaften oder Beistandschaften sind von dem Werte des Vermögens, auf das sich die Pflegschaft oder Beistandschaft bezieht, die in den Art. 83, 84 bestimmten Gebühren zu erheben, die Gebühr des Art. 84 bei einer Beistandschaft jedoch nur insoweit als dem Beistande die Vermögensverwaltung übertragen ist. Bezieht sich eine Pflegschaft oder Beistandschaft der im Satz 1 bezeichneten Art ausschließlich auf nicht vermögensrechtliche Angelegenheiten, so ist die Wertsumme, welche der Gebührenberechnung zugrunde zu legen ist, in entsprechender Anwendung des § 10 des Reichs-Gerichtskostengesetzes festzusetzen.

Die Vorschriften der Art. 85 bis 87 finden entsprechende Anwendung.

Die Gebühren des Abs. 1 werden nicht erhoben, wenn das Vermögen des einzelnen Pfleglings oder Kindes weniger als 1000 Mk. beträgt.[2])

Begründung:

Nach dem bayerischen Gebührengesetze sind in Vormundschaftssachen von den Beteiligten, welche größeres Vermögen besitzen, im Vergleich zu den Kostengesetzen anderer deutscher Bundesstaaten nicht unerheblich geringere Gebühren zu entrichten. Beispielsweise

---

[1]) Zeitliches Anwendungsgebiet des Abs. 5, siehe Art. III Abs. 2.

[2]) Vgl. Ziff. III 2—5 VollzBek.

ist für die Anordnung einer Vormundschaft über einen Minderjährigen, welcher ein reines Vermögen von 30000 Mk. hat, in Bayern eine einmalige Gebühr von 38 Mk. und eine jährliche Verwaltungsgebühr von 5.20 Mk. zu entrichten, während in Preußen und in anderen Staaten die einmalige Gebühr 75 Mk. und die jährliche Gebühr 7.50 Mk. beträgt. Bei noch größeren Vermögen ist der Unterschied noch wesentlicher. So beträgt die einmalige Gebühr bei einem Vermögen von 100000 Mk. in Bayern 108 Mk. und in Preußen 250 Mk. Wie in der Einleitung bemerkt ist, glaubt deshalb der Entwurf den Ausfall, welchen die Staatskasse durch die im Entwurfe vorgesehene Ermäßigung anderer Gebühren erleidet, bei den Gebühren in Vormundschaftssachen wenigstens zu einem Teile ausgleichen zu können.

Die Gebühren für die Vormundschaften sowie für die Beistandschaften und Pflegschaften, welche nicht für eine einzelne Angelegenheit angeordnet sind (Art. 83, 84, 90 des Gebührengesetzes), sind im geltenden bayerischen Recht entsprechend dem sonst im Gebührengesetze festgehaltenen Grundsatz in Anlehnung an die Sätze des § 8 des Gerichtskostengesetzes bestimmt. Es wird von dem reinen Vermögen des Mündels, Pfleglings oder Kindes eine einmalige Gebühr von zwei Zehnteilen der Sätze des § 8 GKG. und von den Einkünften des reinen Vermögens eine jährliche Verwaltungsgebühr in derselben Höhe erhoben. Es liegt nahe, die Erhöhung dadurch zu bewirken, daß von einem gewissen Vermögen an die Sätze, nach welchen sich die Gebühr der Art. 83, 84, 90 berechnet, erhöht, z. B. von einem gewissen Vermögen an drei Zehnteile der Sätze des § 8 erhoben werden. Bei diesem Wege ist indessen der Abstand zwischen dem Falle, in welchem die Gebühr noch nach dem bisherigen Satze bemessen wird, und dem, in welchem die höheren Sätze anfangen, unbillig groß. Wenn z. B. bis zu einem Vermögen von 30000 Mk. die bisherigen Sätze bleiben und von da an auf drei Zehnteile erhöht werden, so zahlt der Mündel, welcher 30000 Mk. reines Vermögen besitzt, 38 Mk., der Mündel, welcher 30001 Mk. hat, aber 60 Mk.

Der Entwurf verläßt deshalb die bisherige Berechnungsweise und schlägt nach dem Vorgang von Preußen, Hessen, Elsaß-Lothringen und anderer Staaten vor, eine prozentable Gebühr nach dem reinen Vermögen zu erheben. Bis zu einem reinen Vermögen von 6000 Mk. sollen auf je 300 Mk. Vermögen eine einmalige Gebühr von 1 Mk. und eine jährliche Gebühr von

10 Pfg. zur Erhebung gelangen. Von dem 6000 Mk. übersteigenden Vermögen an sollen auf je 500 Mk. Vermögen eine einmalige Gebühr von 1 Mk. und eine jährliche Gebühr von 10 Pfg. erhoben werden. Diese Berechnungsweise hat den Vorteil, daß sie für die Vermögen unter 6000 Mk. zu einem von dem geltenden Recht nur wenig abweichenden Ergebnis führt; bei Vermögen unter 3500 Mk. bewirkt der Vorschlag des Entwurfes sogar eine Verminderung der Gebühren gegenüber dem bisherigen Recht. Anderseits ist die Erhöhung, welche die Gebühren bei größeren Vermögen erfahren, keine übermäßig hohe, sie bleibt gegenüber den Gebührensätzen anderer deutscher Bundesstaaten immer noch nicht unerheblich zurück.

Die Gebühren des Art. 83 würden sich hienach z. B. berechnen:

Vermögen:	Bisher:	Entwurf:
1 001 Mk.	6.40 Mk.	4 Mk.
1 300 „	7.60 „	5 „
2 000 „	8.80 „	7 „
2 500 „	10.— „	9 „
3 000 „	11.20 „	10 „
3 500 „	12.40 „	12 „
4 500 „	13.60 „	15 „
6 000 „	14.80 „	20 „
7 000 „	16.20 „	22 „
8 000 „	16.20 „	24 „
10 000 „	18.— „	28 „
12 000 „	20.— „	32 „
14 000 „	22.— „	36 „
20 000 „	28.— „	48 „
30 000 „	38.— „	68 „
50 000 „	58.— „	108 „
60 000 „	68.— „	128 „
80 000 „	88.— „	168 „
100 000 „	108.— „	208 „

Die Gebühren des Art. 84 würden sich berechnen:

Vermögen:	Bisher:	Entwurf:
1 001 Mk.	0.50 Mk.	0.40 Mk.
1 500 „	0.50 „	0.50 „
2 000 „	0.50 „	0.70 „
2 500 „	1.— „	0.90 „
3 000 „	1.— „	1.00 „
3 500 „	1.— „	1.20 „

Vermögen:	Bisher:	Entwurf:
4000 Mk.	1.— Mk.	1.40 Mk.
4500 „	1.50 „	1.50 „
5000 „	1.50 „	1.70 „
6000 „	1.50 „	2.00 „
7000 „	2.20 „	2.20 „
8000 „	2.20 „	2.40 „
9000 „	2.20 „	2.60 „
10000 „	2.20 „	2.80 „
15000 „	3.— „	3.80 „
20000 „	4.— „	4.80 „
30000 „	5.20 „	6.80 „
50000 „	7.60 „	10.80 „
80000 „	10.— „	16.80 „
100000 „	11.20 „	20.80 „

Weitere Einnahmemehrungen sucht der Entwurf durch die vorgeschlagenen Aenderungen der Art. 89 und 90 zu erzielen.

Der Entwurf ist auf der anderen Seite bestrebt, auch gewisse Erleichterungen in der Gebührenpflicht zu bringen.

Darauf, daß die für den Art. 83 und den Art 84 vorgeschlagene neue Fassung bei den Mündeln, welche weniger als 3500 Mk. reines Vermögen haben, eine nicht unerhebliche Minderung der Gebühren mit sich bringt, ist schon hingewiesen worden. Die Minderung fällt für die Pflichtigen wie für den Staat in gleicher Weise ins Gewicht, da die Gebühren der Art. 83 und 84 nur von dem reinen Vermögen und bei einer Mehrheit von Mündeln für jeden Mündel gesondert erhoben werden. Die Mündel, welche ein 3500 Mk. nicht übersteigendes Vermögen besitzen, bilden aber bei der städtischen wie bei der ländlichen Bevölkerung die weitaus überwiegende Mehrzahl.

Weitere Erleichterungen liegen in dem neuen Abs. 5 des Art. 89 und in dem neuen Abs. 3 des Art. 91.

Im einzelnen ist zu den Vorschlägen des Entwurfes folgendes zu bemerken:

1. Bezüglich des Art. 83 weicht der Entwurf von dem geltenden Recht nur hinsichtlich der Festsetzung der Gebühr ab.

2. Gleiches gilt hinsichtlich des Art. 84. Wie im geltenden Recht soll auch künftig die Gebühr des Art. 84 nicht als Gebühr für die Rechnungslegung, sondern für die vormundschaftliche Verwaltung überhaupt erhoben werden. Im Interesse der Vereinfachung der Berechnung der Gebühr ist im Abs. 1 Satz 2 vor-

gesehen, daß das angefangene Kalenderjahr am Anfange der Vormundschaft voll gerechnet, dagegen am Schlusse der Vormundschaft nicht berücksichtigt wird. Nach dem geltenden Recht wird die Gebühr auf die einzelnen Monate ausgerechnet.

3. Der Art. 89 erfährt durch den Entwurf eine mehrfache Aenderung.

Der Absatz 1 betrifft die Pflegschaften und Beistandschaften zur Besorgung einer einzelnen Angelegenheit. Hier soll einerseits die Beschränkung gestrichen werden, daß eine Gebühr erst erhoben wird, wenn der Wert des Gegenstandes 1000 Mk. übersteigt, dafür soll es nach dem Abs. 4 darauf ankommen, ob das Vermögen des Pflichtigen 1000 Mk. erreicht. Trifft diese Voraussetzung nicht zu, so soll wie bisher die Gebühr nicht zur Erhebung kommen. Sie dagegen, wie im geltenden Recht, auch dann wegfallen zu lassen, wenn das Vermögen des Pflegebefohlenen sehr erheblich ist, der Wert der Angelegenheit, zu deren Besorgung die Pflegschaft eingeleitet ist, aber den Betrag von 1000 Mk. nicht übersteigt, ist durch die Rücksicht auf die Schonung der Minderbemittelten nicht geboten. Anderseits soll die Vorschrift beseitigt werden, daß die Gebühr nicht mehr als 20 Mk. betragen kann. Für diese Grenze fehlt es ohnehin an einem zureichenden Grund. Da die Gebühr von 20 Mk. einem Werte des Gegenstandes von mehr als 30000 Mk. entspricht, läßt sich wohl nicht mit Grund behaupten, daß die Beseitigung der Grenze drückend ist.

Der Absatz 2 betrifft die Fürsorge, welche das Vormundschaftsgericht in anderer Weise als durch Bestellung eines Pflegers oder Beistandes für ein unter elterlicher Gewalt stehendes Kind zu entfalten hat. Die Gebühr, welche für die Tätigkeit des Vormundschaftsgerichts zu erheben ist, beträgt nach dem geltenden Recht 1—20 Mk. Der Entwurf sieht nicht mehr eine fixe Gebühr vor, sondern wie die Gebühr des Abs. 1 soll sich auch die des Abs. 2 nach dem Werte des Gegenstandes richten. Hiefür spricht, daß bei einer nach dem Werte des Gegenstandes bemessenen Gebühr die Leistungsfähigkeit des Pflichtigen besser und gerechter berücksichtigt wird, als dies bei einer Fixgebühr möglich ist, und daß die Ermittlung des Wertes des Gegenstandes in den Fällen des Art. 89 Abs. 2 keine Schwierigkeiten bereitet. Der Vorschlag des Entwurfes bedeutet, wenn der Wert des Gegenstandes gering ist, eine Ermäßigung der Gebühr. Da in den Fällen des Abs. 2 nach dem Entwurfe eine den bisherigen Höchstsatz von 20 Mk. übersteigende

Gebühr erst zu entrichten ist, wenn der Wert des Gegenstandes höher als 32000 Mk. ist, kann wohl nicht davon die Rede sein, daß der Vorschlag des Entwurfes bei größeren Vermögen die Gebühr in unberechtigter Weise erhöht.

Der Absatz 3 der neuen Fassung schneidet Zweifel ab, die bei der Anwendung des bisherigen Gesetzes entstanden sind. Durch die Anwendbarkeit des Art. 86 wird klar gestellt, daß, wenn bei der Angelegenheit mehrere Pfleglinge oder Kinder beteiligt sind, sowohl die Gebühr des Abs. 1 als die des Abs. 2 für jeden Beteiligten erhoben wird. Durch die Anwendbarkeit des Art. 87 wird der Zeitpunkt der Fälligkeit der Gebühr geregelt.

Der Absatz 4 wiederholt die im bisherigen Abs. 3 enthaltene Gebührenbefreiung und fügt die weitere Befreiung hinzu, daß, wenn das Vermögen des einzelnen Pfleglings oder Kindes weniger als 1000 Mk. beträgt, die Gebühr des Abs. 1 und die des Abs. 2 gleichfalls nicht erhoben wird. Letztere Befreiung war in der Form, daß auf den Wert des Gegenstandes abgestellt wurde, für die Gebühr des Abs. 1 schon im bisherigen Gesetze enthalten. Die Aenderung des Entwurfes in dieser Beziehung ist schon oben gerechtfertigt. Für die Fälle des Abs. 2 dagegen war die Befreiung dem bisherigen Gesetze fremd.

Der neue Absatz 5 führt den Grundsatz ein, daß die Gebühren, welche für die in den Abs. 1, 2 bezeichneten einzelnen Tätigkeiten des Vormundschaftsgerichts zur Erhebung zu gelangen haben, nie höher sein dürfen, als die Gebühr ist, welche nach dem Art. 83 geschuldet wäre, wenn eine Vormundschaft bestünde. Das Fehlen dieses Grundsatzes ist schon wiederholt beklagt worden. Bei den unter elterlicher Gewalt stehenden Kindern wird das Vormundschaftsgericht nicht selten aus verschiedenen zeitlich auseinanderliegenden Anlässen tätig. Bestünde für das Kind eine Vormundschaft, so hätte das Vormundschaftsgericht für das Kind eine fortlaufende Tätigkeit zu entfalten. Es ist unbillig, daß für die einzelnen Tätigkeiten zusammen höhere Gebühren zu entrichten sind, als für die fortlaufende Tätigkeit geschuldet würden.

4. Nach der gegenwärtigen Fassung des Art. 90 sind Pflegschaften und Beistandschaften, die sich nur auf die Sorge für die Person beziehen, gebührenfrei. Der Entwurf beseitigt dies. Im übrigen ist der Inhalt des Art. 90 sachlich nicht geändert.

6. An die Stelle des Art. 91 Abs. 2 treten folgende Vorschriften:

Die gleiche Gebühr wird für die Tätigkeit des Vormundschaftsgerichts im Falle der Verheiratung des Vaters oder der Mutter sowie für die nach § 1639 Abs. 1, nach den §§ 1653, 1666 bis 1668, 1670 oder nach § 1760 Abs. 2 des BGB. zu treffenden Anordnungen von dem Vater oder der Mutter erhoben, sofern nicht die Gebühr nach Art. 83 oder nach Art. 90 erhoben wird.[1])

Die Gebühren der Abs. 1, 2 kommen nicht zur Erhebung, wenn das Vermögen des Gebührenpflichtigen weniger als 1000 Mk. beträgt.

Begründung:

Aus Billigkeitsgründen dürfte darauf zu verzichten sein, für die im § 1640 Abs. 2 des BGB. vorgesehene Anordnung, daß das vom überlebenden Elternteil einzureichende Verzeichnis des Vermögens des Kindes amtlich aufgenommen wird, eine Gebühr zu erheben. Der Entwurf ändert den Abs. 2 des Art. 91 dementsprechend.

In dem neuen Abs. 3 sieht der Entwurf eine dem bisherigen Recht fremde Gebührenbefreiung vor, die sich durch die entsprechenden Vorschriften in den Art. 83, 89 und 90 rechtfertigen dürfte.

7. Dem Art. 92 Ziff. 1 werden folgende Worte beigefügt: beträgt jedoch das Vermögen des Mündels, Pfleglings oder Kindes mehr als 1000 Mk. und wird eine mit einer Anleitung versehene Bestallung ausgehändigt, so wird eine Gebühr von zwanzig Pfennig erhoben.[2]) [3]) [4])

[1]) Vgl. Ziff. III 6 VollzBek.

[2]) Die Worte „und wird eine mit einer Anleitung versehene Bestallung ausgehändigt" wurden auf Antrag des Ausschusses der Kammer der Abgeordneten eingeschaltet. Damit soll die Erhebung

Begründung:

Die Formulare für die Bestallungen verursachen nicht unerhebliche Kosten, da die Bestallungen mit einer Einleitung zur Führung des Amtes und einem festen Umschlag versehen sind. Es wird deshalb vorgeschlagen, zur Deckung dieser Kosten in denjenigen Vormundschaften, Beistandschaften und Pflegschaften, in welchen für die Vormundschaft, Beistandschaft oder Pflegschaft eine Gebühr erhoben wird, auch für die Bestallung den Ersatz der Auslage für die Bestallung in Form einer geringen Gebühr zuzulassen. Dementsprechend ergänzt der Entwurf den Art. 92 Ziff. 1.

8. Dem Art. 96 wird folgender Absatz beigefügt:

Wird die Erteilung eines Erbscheins abgelehnt, so kommt die Hälfte der im Abs. 1 bestimmten Gebühr zur Erhebung.

Begründung:

Nach dem geltenden Rechte kann eine Gebühr nicht erhoben werden, wenn die Erteilung eines Erbscheins abgelehnt wird. Gerade solche Fälle verursachen aber dem Gerichte viele Arbeit und es werden in zweifelhaften Fällen von den Beteiligten Anträge in dieser Richtung um so eher gestellt, als sie damit eine kostenlose Entscheidung erreichen, die sie sonst auf dem Prozeßwege herbeiführen müßten. Der Entwurf schlägt daher nach dem Vorgange des Art. 128 Abs. 2 vor, daß für die Ablehnung der Erteilung des Erbscheins die Hälfte der im Abs. 1 für die Erteilung des Erbscheins bestimmten Gebühr zur Erhebung kommen soll.

9. Der Art. 103 erhält nachstehende Fassung:

Wird eine Nachlaßverwaltung oder eine Gesamtgutsverwaltung angeordnet, so werden von dem Werte, den der Nachlaß oder das Gesamtgut zur Zeit der Anordnung nach

der 20 Pfennig-Gebühr in solchen Fällen vermieden werden, in denen dem Vormund nicht eine förmliche Anleitung, sondern nur ein Bogen Papier behändigt wird (Sten. Ber. d. K. d. Abg. V 938).

[3]) Die auf die Aushändigung der Vormundsbüchlein erwachsenen Kosten bezifferten bis 1906: 30000 Mk. (a. a. O.).

[4]) Vgl. Ziff. III 7 VollzBek.

Abzug der Schulden hat, sechs Zehnteile der Sätze des § 8 des Reichs-Gerichtskostengesetzes erhoben. Die Gebühr wird bei Beendigung der Verwaltung fällig.

Außerdem wird die im Art. 84 bestimmte jährliche Gebühr erhoben. Die Gebühr wird bei der Rechnungslegung fällig. Die Vorschriften des Art. 84 Abs. 1 und 2 finden Anwendung.[1])

Wird der Antrag auf Anordnung einer Nachlaßverwaltung oder einer Gesamtgutsverwaltung abgelehnt, so wird die im Abs. 1 bestimmte Gebühr nur zu drei Zehnteilen erhoben; ist der Antrag von einem Gläubiger gestellt und die Forderung desselben nicht höher als der Wert des reinen Nachlasses oder Gesamtguts, so wird die Gebühr nach dem Betrage dieser Forderung erhoben.

Begründung:

Die Aenderung der Art. 83, 84 des Gebührengesetzes wirkt von selbst, ohne daß es einer Aenderung des Gesetzes bedürfte, auf die Gebühr, die im Art. 102 für die Nachlaßpflegschaft und die im § 88 des Gesetzes über die Angelegenheiten der freiwilligen Gerichtsbarkeit bezeichnete Abwesenheitspflegschaft vorgesehen ist. Dagegen bedarf der Art. 103 der Aenderung. Die im Entwurfe vorgeschlagene Fassung unterscheidet sich sachlich nicht von der des geltenden Rechts. Auch nach diesem wird für die Nachlaß- und die Gesamtgutsverwaltung erhoben zunächst die einmalige Gebühr von sechs Zehnteilen der Sätze des § 8 des Reichs-Gerichtskostengesetzes, dann die jährliche Gebühr des Art. 84. Die Erhebung der Gebühr von sechs Zehnteilen rechtfertigt sich dadurch, daß die Verwaltung sachlich nichts anderes ist wie die Auseinander-

[1]) Der neue Abs. 3 des Art. 84, der die Gebührenfreiheit der Vermögen unter 1000 Mk. behandelt, ist hier nicht einschlägig. Um dies außer Zweifel zu stellen, wurden auf Antrag des Ausschusses der Kammer der Abgeordneten die Worte „Abs. 1 und 2", die der Entwurf noch nicht enthielt, eingeschaltet (Sten. Ber. d. K. d. Abg. V 938).

setzung, daß mithin die einmalige Gebühr für die Verwaltung auch der Gebühr für die Auseinandersetzung (Art. 94) entsprechen muß.

Im Abs. 3 des Entwurfes ist eine Lücke des geltenden Rechts ausgefüllt, da dieses keine Bestimmung enthält, nach der eine Gebühr erhoben werden könnte, wenn der Antrag auf Anordnung einer Nachlaß- oder Gesamtgutsverwaltung abgewiesen wird. Der Vorschlag lehnt sich an die Vorschrift an, die der § 53 des Reichs-Gerichtskostengesetzes bezüglich der Ablehnung des Antrags auf Konkurseröffnung trifft. Dies findet seine Begründung in der rechtlichen Gleichheit der Ablehnung des Antrags auf Anordnung der Nachlaß- oder Gesamtgutsverwaltung mit der Ablehnung des Antrags auf Eröffnung des Nachlaß- oder Gesamtgutkonkurses. Die Gebühr ist regelmäßig, z. B. wenn der Erbe die Anordnung der Nachlaßverwaltung beantragt, aus dem reinen Werte des Nachlasses oder Gesamtguts zu erheben. Geht dagegen der Antrag von einem Gläubiger aus, so soll nach dem Entwurfe der Betrag der Forderung den Gegenstandswert bilden, jedoch nur dann, wenn die Forderung nicht höher ist als der Wert des reinen Nachlasses oder Gesamtguts.

10. Im Art. 104 wird

a) der Satz 3 des Abs. 1 gestrichen;

b) folgende Vorschrift als Abs. 3 beigefügt:

Im Falle des Verzichts eines anteilsberechtigten Abkömmlings auf den Anteil an der fortgesetzten Gütergemeinschaft (§ 1491 Abs. 1 BGB.) wird statt der Gebühr des Abs. 1 die Gebühr erhoben, die nach dem Art. 146c zu erheben sein würde, wenn der Verzicht durch Vertrag erfolgt wäre.[1])

Begründung:

a) Die Anmeldung von Nachlaßforderungen auf Aufforderung eines Miterben kann nach § 2061 des Bürgerlichen Gesetzbuchs bei dem Miterben selbst oder bei dem Nachlaßgerichte geschehen. Sie muß also nicht bei dem Nachlaßgerichte erfolgen und es ist daher die Entgegennahme solcher Anmeldungen nach dem Art. 104 Abs. 1 Satz 1 nicht gebührenpflichtig. Wenn dagegen im Satze 3 desselben

[1]) Vgl. Ziff. IV 3 Abs. 3 VollzBek.

Absatzes gesagt ist, daß bei Anmeldung von Nachlaßforderungen die Gebühr nur einmal zu erheben sei, so liegt darin die nicht zutreffende Voraussetzung, daß nach dem ersten Satze eine Gebühr tatsächlich geschuldet sei. Der Satz 3 des Art. 104 Abs. 1 ist daher zu streichen.

b) Wegen der Beifügung des Abs. 3 zum Art. 104 vgl. die Begründung zum Art. I Ziff. 12.

11. Der Art. 116 erhält folgenden zweiten Absatz:

Die Eintragungen in den Teil des Grundbuchblatts, welcher zur Eintragung des Grundstücks bestimmt ist, sind gebührenfrei.[1] [2])

Begründung:

Der Titel des Grundbuchblatts ist hauptsächlich dazu bestimmt, die Bezeichnung (Plannummer) der Grundstücke und die zu ihrer genauen Beschreibung dienenden Angaben aufzunehmen. Die Grundlage für die Bezeichnung und Beschreibung der Grundstücke bildet der Grundsteuerkataster. Eine ordnungsmäßige Grundbuchführung, die bei der großen Tragweite der Wirkungen des öffentlichen Glaubens dieses Buches die Interessen der Beteiligten im vollen Umfange wahrt, setzt voraus, daß die auf die Bezeichnung und Beschreibung der Grundstücke sich beziehenden Eintragungen mit dem Stande der Grundstücke in der Natur und ihrer Bezeichnung und Beschreibung im Grundsteuerkataster in voller Uebereinstimmung erhalten werden. Tritt eine Aenderung in den Grenzen (im Bestand) oder in der Benennung eines Grundstücks ein, wird ein Grundstück geteilt oder werden mehrere Grundstücke zu einem einheitlichen Grundstücke zusammengelegt, so wird die bisherige Beschreibung des Grundstücks im Grundbuche unrichtig. Hieraus können den Beteiligten Nachteile erwachsen, es können Schwierigkeiten für den Liegenschaftsverkehr entstehen und Verwirrungen in der Grundbuchführung eintreten. Derartige Nachteile zu vermeiden, liegt im öffent-

[1]) Im Entwurf hieß es „Die Eintragungen in den Titel des Grundbuchblattes sind gebührenfrei." Die — lediglich formelle — Aenderung geschah mit Rücksicht auf die Verhältnisse des Grundbuchs in der Pfalz (Sten. Ber. d. K. d. Abg. V 939).

[2]) Begriff des Titels s. §§ 293 ff. DA. f. d. GBAemter r. d. Rh.

lichen Interesse. Die Grundbuchämter sind daher angewiesen, mit besonderer Sorgfalt von Amts wegen darauf bedacht zu sein, daß alle Aenderungen im Bestande der Grundstücke und in ihrer katastermäßigen Bezeichnung und Beschreibung in das Grundbuch eingetragen werden. Insoweit diese Eintragungen von Amts wegen vorgenommen werden können, sind sie nach Art. 3 Ziff. 1 des Gebührengesetzes schon jetzt gebührenfrei. In vielen Fällen setzt aber die Eintragung einer Aenderung im Hinblick auf den § 13 der Grundbuchordnung einen Antrag der Beteiligten voraus. In solchen Fällen würde nach der bisherigen Fassung des Art. 116 des Gebührengesetzes die Eintragung einer Aenderung im Bestande des Grundstücks der Gebührenpflicht unterliegen. Die Gebührenpflicht der Eintragung würde aber häufig das Bemühen des Grundbuchbeamten, die Beteiligten zur Antragstellung zu veranlassen, vereiteln. Um den hieraus für die Grundbuchführung erwachsenden Mißständen vorzubeugen, ist es geboten, alle Eintragungen in das Grundbuch, welche die Erhaltung der Uebereinstimmung des Grundbuchs mit dem Grundsteuerkataster und mit dem Stande der Grundstücke in der Natur zum Gegenstande haben, von der Gebührenpflicht zu befreien.

Neben den Eintragungen, welche die Bezeichnung und Beschreibung der Grundstücke zum Gegenstande haben, finden allerdings auch noch einige andere Eintragungen, wie die Zuschreibung und die Vereinigung von Grundstücken nach § 890 BGB., Aufnahme in den Titel des Grundbuchblatts. Diese Eintragungen sind indessen nur von untergeordneter Bedeutung; sie werden in der Regel nur im Zusammenhange mit anderen gebührenpflichtigen Eintragungen (Hypothekenbestellung und dergl.) beantragt. Es wird daher im Interesse der Vermeidung von Mißverständnissen angezeigt sein, von einer Unterscheidung der Eintragungen im Titel bezüglich der Gebührenpflicht abzusehen und schlechthin alle Eintragungen im Titel gebührenfrei zu belassen.

12. Dem Art. 118 werden folgende Vorschriften beigefügt:[1])

Ueberträgt ein Miterbe seinen Anteil an dem Nachlasse einem anderen und vereinigt sich in dessen Person infolge

[1]) Der Zweck der neuen Vorschriften ist, einer Umgehung des Gesetzes vorzubeugen; er will Sicherung der Auseinandersetzungs-

der Uebertragung das Eigentum an den Nachlaßgegenständen, so wird für die Berichtigung des Grundbuchs durch die Eintragung des Erwerbers als Alleineigentümers eine Gebühr von eins vom Hundert des Wertes des Grundstücks erhoben, sofern nicht diese Gebühr schon für die Anteilsübertragung gemäß Art. 146 c erhoben worden ist. Der Wert wird ohne Abzug der Schulden berechnet.[1])

Die Vorschrift des Abs. 3 findet entsprechende Anwendung, wenn infolge des Verzichts eines anteilsberechtigten Abkömmlings das Eigentum an dem Gesamtgut der fortgesetzten Gütergemeinschaft sich in der Person des überlebenden Ehegatten vereinigt. Die Gebühr wird aus der Hälfte des Wertes des Grundstücks ohne Abzug der Schulden berechnet.[2])[3])[4])

Begründung siehe bei Ziffer 14.

13. Im Art. 119 Abs. 1 werden in der lit. b nach dem Worte „Rentenschuld" die Worte eingeschaltet:

gebühren für die Staatskasse, für die Fälle, in denen die Anteilsübertragungen und die Anteilsverzichte außerhalb Bayerns erfolgen, oder in denen von dem beurkundenden bayerischen Notar der Eintritt der Konsolidation übersehen und nur die Gebühr nach Art. 145 in Ansatz gebracht wurde.

[1]) Ein Antrag, dem Satz 2 Abs. 1 folgende Fassung zu geben „Bei Berechnung des Wertes bleibt der Erbanteil des Erwerbers außer Ansatz; die Schulden werden nicht abgezogen", wurde abgelehnt (Sten. Ber. d. K. d. Abg. V 943).

[2]) Ein Antrag, die Besitzveränderungsgebühr auf die Konsolidationsgebühr in Anrechnung zu bringen, wurde abgelehnt (a. a. O. 942).

[3]) Entsprechend der Bestimmung des Satzes 2 wurde Satz 2 Abs. 2 des Art. 146 c gebildet (siehe dort).

[4]) Anwendung der neuen Vorschriften des Art. 118 auch auf die Umschreibungen im Hypothekenbuch, Art. V.

„oder der Ersetzung der Forderung, für welche eine Hypothek „besteht, durch eine einem anderen Gläubiger zustehende „Forderung."

Begründung:

Nach § 1180 des Bürgerlichen Gesetzbuchs kann an die Stelle der Forderung, für die eine Hypothek besteht, eine andere Forderung gesetzt werden. Die Ersetzung ist auch dann möglich, wenn die Forderung, welche an die Stelle der durch die Hypothek bisher gesicherten Forderung treten soll, einem anderen Gläubiger zusteht. Weder der Wortlaut des Art. 119 noch der des Art. 155 des Gebührengesetzes trifft den Fall, daß die Hypothek gemäß § 1180 BGB. auf einen neuen Gläubiger übergeht, weil die Forderung wechselt, für die die Hypothek besteht. Vom steuerrechtlichen Standpunkt aus kann es aber keinem Zweifel unterliegen, daß der Uebergang der Hypothek auf einen neuen Gläubiger auf Grund des § 1180 BGB. gebührenrechtlich der Uebertragung der Hypothek gleichgestellt werden muß. Um dies klarzustellen, ergänzt der Entwurf den Art. 119 und den Art. 160 des Gebührengesetzes entsprechend.

Steht die Forderung, die an die Stelle der bisherigen Forderung treten soll, dem bisherigen Hypothekengläubiger zu, so trifft die Erwägung nicht zu, welche zu der vorgeschlagenen Ergänzung der Art. 119, 160 führte. Die Fassung des Entwurfes (vgl. auch die Begründung zum Art. I Ziff. 16) läßt keinen Zweifel darüber, daß, wenn ein Wechsel des Gläubigers nicht eintritt, lediglich die Eintragungsgebühr bzw. jene des Art. 160 geschuldet ist.

14. a) Im Art. 146 wird die Ziff. 1 lit. b gestrichen, die lit. c erhält die Bezeichnung „lit. b".

b) Als Art. 146a, 146b und 146c werden folgende Vorschriften eingestellt:

Artikel 146a.

Für die Verträge über die Auseinandersetzung in Ansehung eines Nachlasses wird, soweit sie bewegliche Sachen oder diesen gleichstehende Rechte zum Gegenstand haben, die

Gebühr des Art. 145, soweit sie Grundstücke oder diesen gleichstehende Rechte zum Gegenstande haben, die Gebühr des Art. 146 Abs. 1 Ziff. 1 erhoben.[1])

Auf Verträge über die Auseinandersetzung in Ansehung des Gesamtguts einer Gütergemeinschaft findet die Vorschrift des Abs. 1 entsprechende Anwendung. Die Gebühr wird jedoch nur aus dem halben Werte des Gesamtguts erhoben.[2])

Wird die Auseinandersetzung in Ansehung des Gesamtguts mit der Teilung des Nachlasses des verstorbenen Ehegatten verbunden, so bleibt bei der Berechnung des Wertes des Nachlasses der Anteil des verstorbenen Ehegatten am Gesamtgut außer Ansatz.

Artikel 146 b.

Ist das Eigentum an einem Grundstück oder ein den Grundstücken gleichstehendes Recht im Erbwege auf mehrere

[1]) Ein Antrag, dem Abs. 1 die Worte hinzuzufügen „Bei welch letzterer jedoch der Erbanteil des Erwerbers bei Berechnung des Wertes außer Ansatz bleibt", wurde abgelehnt (Sten. Ber. d. K. d. Abg. V 943).

[2]) Satz 2 Abs. 2 Art. 146a lautet im Entwurf folgendermaßen: „Handelt es sich um die Auseinandersetzung in Ansehung des Gesamtguts einer fortgesetzten Gütergemeinschaft oder findet die Auseinandersetzung der ehelichen Gütergemeinschaft zwischen dem überlebenden Ehegatten und dem Erben des verstorbenen Ehegatten statt, so kommt das Gesamtgut nur abzüglich des Betrags in Ansatz, welcher dem Werte des Anteils des überlebenden Ehegatten entspricht."

Die jetzige Fassung, wonach bei der Auseinandersetzung eines Gesamtgutes die Gebühr stets nur aus dem halben Wert des Gesamtguts zu erheben ist, beruht auf der Erwägung, daß die Fälle, in denen die Anteile der Ehegatten am Gesamtgute verschieden sind, außerordentlich selten vorkommen; von Bedeutung seien sie eigentlich nur für altrechtliche Ehen, die im Gebiet des hohenloheschen Rechtes geschlossen wurden (Sten. Ber. d. K. d. Abg. V 941).

übergegangen und findet die Auseinandersetzung unter ihnen in der Weise statt, daß die Gemeinschaft zur gesamten Hand in eine Gemeinschaft nach Bruchteilen nach Maßgabe der Erbteile umgewandelt wird, so wird auf die nach dem Art. 146 a geschuldete Gebühr die Besitzveränderungsgebühr angerechnet, welche die Miterben nach dem Art. 249 für den Uebergang des Grundstücks oder des Rechtes auf sie entrichtet haben.[1] [2])

Artikel 146 c.

Für einen Vertrag, durch den ein Miterbe seinen Anteil an dem Nachlasse einem anderen Miterben oder einem Dritten überträgt, wird die Gebühr des Art. 145 aus dem Werte des Anteils erhoben.[3]) Wenn jedoch der Erwerber des Anteils infolge der Uebertragung sämtliche Anteile in sich vereinigt, so wird, sofern zum Nachlaß ein Grundstück gehört, überdies eine Gebühr von eins vom Hundert des Wertes des Grundstücks erhoben.[4]) [5])

[1]) Einer Anregung, die Besitzveränderungsgebühr nicht nur dann, wenn die Gemeinschaft zur gesamten Hand in eine Bruchteilgemeinschaft umgewandelt wird, sondern allgemein anrechnen zu lassen, wurde keine Folge gegeben (a. a. O.).

[2]) Die Erhebung eines Gebührenäquivalents von den Erbengemeinschaften hat nicht statt (a. a. O.).

[3]) Die Gebühr ist nach einer Erklärung des Finanzministers nur aus dem reinen Wert des Anteils zu erheben (a. a. O. S. 941); siehe aber Bl. f. RA. 71. Jahrg. S. 178.

[4]) Auf letztere Gebühr die Gebühr für die Erbanteilsabtretung in Anrechnung bringen zu lassen, wurde nicht für zweckdienlich erachtet, insbesondere mit Rücksicht auf den Zweck des Art. 146 c, die Anteilsübertragungen möglichst einzuschränken (a. a. O. S. 942).

[5]) Ein Antrag, dem Abs. 1 die Worte hinzuzufügen „Bei welch letzterer jedoch der Erbanteil des Erwerbers bei Berechnung des Wertes außer Ansatz bleibt" wurde abgelehnt (a. a. O. S. 943).

Diese Vorschriften finden entsprechende Anwendung auf den Vertrag, durch den ein anteilsberechtigter Abkömmling auf seinen Anteil an der fortgesetzten Gütergemeinschaft verzichtet. Die Gebühr wird aus der Hälfte des Wertes des Grundstücks ohne Abzug der Schulden berechnet.[1] [2] [3] [4]

Begründung:

Nach dem Rechte vor dem 1. Januar 1900 war für einen Ehe-, Erb- und Erbteilungsvertrag die im Art. 113 Ziff. 1 des Gebührengesetzes bestimmte Gebühr nur zur Hälfte zu erheben (Art. 114 des Gebührengesetzes in der Fassung vom Jahre 1892). Für einen Ehe-, Erb- und Erbteilungsvertrag war mithin, soweit unbewegliches Vermögen Gegenstand des Vertrages war, eine Gebühr von eins vom Hundert und, soweit bewegliches Vermögen in Frage kam, von drei vom Tausend der Gegenstandssumme zu erheben. Für Eheverträge setzte der Art. 115 den Begriff der Gegenstandssumme dahin fest, daß der Berechnung der Gebühr das gesamte beiderseitige Vermögen zugrunde gelegt wird, auf welches sich der Vertrag erstreckt, daß jedoch die Gebühr von eins vom Hundert nur insoweit erhoben wird, als der Vertrag eine Aenderung an dem Besitz oder Eigentum von unbeweglichem Vermögen bewirkt, und daß die Gütergemeinschaft einer Gemeinschaft nach Hälften gleichzuachten ist.

Diese Bestimmungen galten für sämtliche Rechtsgebiete, sie wirkten aber selbstverständlich für die verschiedenen Rechtsgebiete verschieden, da je nach dem zugrunde liegenden Güter- und Erbrecht der Begriff der Gegenstandssumme verschieden war. In den

[1]) Satz 2 war im Entwurf noch nicht enthalten. Er wurde beigefügt, um eine dem Abs. 2 Art. 118 entsprechende Bestimmung zu schaffen (a. a. O. S. 942).

[2]) Art. 146c betrifft die Fälle der Beurkundungen vor einem bayerischen Notar. Bei Beurkundungen vor einem nichtbayerischen Notar oder vor einem Gericht gibt Art. 118 Maß (siehe dort).

[3]) Anwendbarkeit der bisherigen Vorschriften über die Gebühren in Nachlaß- und Teilungssachen für die vor dem 1. September 1906 eingetretenen Erbfälle, Art. IV.

[4]) Vgl. auch des Näheren über das Anwendungsgebiet der Art. 146 a, b, c Ziff. IV der VollzBek.

altbayerischen Landesteilen zum Beispiel wurde, wenn nach dem Tode eines der in Gütergemeinschaft lebenden Ehegatten der überlebende das ganze Gesamtgut gegen Auszeigung des Erbteils der Kinder übernahm, die Gebühr für die Teilung aus dem Werte des halben Gesamtgutes berechnet.

Der Entwurf der aus Anlaß des Inkrafttretens des BGB. erforderlichen Novelle zum Gebührengesetz ließ, um der Bevölkerung die vertragsmäßige Einführung eines der hergebrachten Güterstände nicht durch die Rücksicht auf die Kosten zu erschweren, die prozentablen Gebühren für Eheverträge überhaupt fallen. Eheverträge unterliegen seit dem 1. Januar 1900 ohne Rücksicht auf ihren Inhalt nur einer Gebühr von drei Mark (Art. 148 des Gebührengesetzes). Im übrigen änderte die Gebührennovelle vom Jahre 1899 die für Erbteilungsverträge geltenden Vorschriften der bisherigen Art. 113, 114 nur dahin, daß er im jetzigen Art. 146 Abs. 1 Ziff. 1b den Ausdruck „Erbteilungsvertrag" durch den Ausdruck „Verträge über die Teilung eines Nachlasses oder des Gesamtguts einer Gütergemeinschaft oder fortgesetzten Gütergemeinschaft" ersetzte. Sachlich war im übrigen eine Aenderung nicht beabsichtigt.

Das Oberste Landesgericht stellte sich jedoch bezüglich der Verträge über die Teilung des Gesamtguts einer Gütergemeinschaft auf den Standpunkt, daß, weil das Gesamtgut nach dem BGB. auch nach der Beendigung der Gütergemeinschaft den Teilnehmern der Gemeinschaft nur zur gesamten Hand, nicht nach Bruchteilen, gehört, Gegenstand der Auseinandersetzung also, rechtlich betrachtet, das ganze Gesamtgut ist, der Gebührenberechnung der Wert des ganzen Gesamtguts zugrunde zu legen ist. An dieser Ansicht hat das Oberste Landesgericht in ständiger Rechtsprechung festgehalten.[1])

Ueber die Höhe der bei dieser Rechtsauffassung geschuldeten Gebühren wurden namentlich in den altbayerischen Landesteilen vielfach Klagen laut und auch im Landtag sind, wie in der Einleitung der Begründung bemerkt ist, Beschwerden geführt worden.

Um die höheren Gebühren zu sparen, verfiel die Praxis in den Fällen, in welchen ein Teilhaber das Gesamtgut übernehmen sollte, auf den Ausweg, nicht einen Vertrag über die Teilung des

[1]) Vgl. u. a. Beschl. v. 23. Juni 1903 (Sammlg. Bd. 4 S. 495), Beschl. v. 12. Dezember 1904 (a. a. O. Bd. 5 S. 661).

Gesamtguts zu schließen, sondern das gewünschte Ergebnis dadurch zu erreichen, daß dem Teilhaber, welcher das ganze Gesamtgut übernehmen sollte, die Anteile der übrigen Teilhaber übertragen werden. Ein derartiger Vertrag unterliegt nur der Gebühr des Art. 145. Das Oberste Landesgericht hat die Zulässigkeit einer solchen Anteilsübertragung sowie ihre Bewertung aus Art. 145 wiederholt anerkannt.[1])

Ein befriedigender Rechtszustand läßt sich indessen nur durch eine Aenderung des Gebührengesetzes erreichen. Zu diesem Zwecke schlägt der Entwurf vor, den Art. 146 und im Zusammenhange damit die Art. 104, 118 des Gebührengesetzes zu ändern.

Bei der Neuregelung geht der Entwurf davon aus, im wesentlichen lediglich den Rechtszustand herbeizuführen, der bis zum 1. Januar 1900 bestanden hat. Es soll keine Erhöhung der Gebühren gegenüber dem Rechte vor 1900 eintreten, es ist aber auch kein Anlaß vorhanden, die Gebühren zu mindern.

1. Demgemäß bestimmt der Entwurf im Abs. 1 des neuen Art. 146a zunächst, daß für die Verträge über die Auseinandersetzung in Ansehung eines Nachlasses, soweit sie bewegliche Sachen zum Gegenstande haben, die Gebühr des Art. 145, also drei vom Tausend, bzw. bei Vermögen unter 2000 Mk. zweieinhalb vom Tausend und, soweit sie unbewegliche Sachen zum Gegenstande haben, die Gebühr des Art. 146 Abs. 1 Ziff. 1, also eins vom Hundert, erhoben werde. Die Gebühr wird, wie nach dem Wortlaute der Abs. 1 nicht zweifelhaft sein kann, aus dem Werte des ganzen Nachlasses oder, wenn die Auseinandersetzung sich nur auf einen Teil des Nachlasses bezieht, aus dem Werte des den Gegenstand der Auseinandersetzung bildenden Teiles des Nachlasses berechnet. Auf den Inhalt des Auseinandersetzungsvertrages kommt dabei nichts an. Maßgebend für die Wertsberechnung ist der Zeitpunkt des Vertragsschlusses. Die Schulden werden nicht abgezogen (Art. 188).

Der Abs. 2 betrifft die Verträge über die Auseinandersetzung in Ansehung des Gesamtgutes einer Gütergemeinschaft. Den Gegenstand der Auseinandersetzung des Gesamtguts bildet, rechtlich betrachtet, das ganze Gesamtgut. Dies ergibt sich nicht nur daraus, daß vor der Auseinandersetzung kein Teilhaber über

---

[1]) Vgl. u. a. Beschl. v. 13. Jan. 1903 (Samml. Bd. 4 S. 22), Beschl. v. 16. Nov. 1903 (a. a. O. S. 803), Beschl. v. 30. Dez. 1904 (a. a. O. Bd. 5 S. 706).

seinen Anteil allein verfügen kann, sondern auch daraus, daß die Schulden auf dem ganzen Gesamtgut lasten und die erste Aufgabe der Auseinandersetzung die Schuldenberichtigung ist. Demgemäß stellt der Abs. 2 den Grundsatz auf, daß für Verträge über die Auseinandersetzung des Gesamtguts die gleiche Vorschrift gilt wie für die Auseinandersetzung eines Nachlasses. Soweit mithin bewegliche Sachen den Gegenstand des Vertrages bilden, ist eine Gebühr von drei bzw. zweieinhalb vom Tausend, soweit unbewegliches Vermögen in Frage kommt, von eins vom Hundert zu entrichten. Bezieht sich die Auseinandersetzung nur auf einen Teil des Gesamtguts, so kommt auch nur der Wert dieses Teiles in Betracht. Maßgebender Zeitpunkt für die Wertsberechnung ist der Zeitpunkt der Auseinandersetzung. Die Schulden werden nicht abgezogen (Art. 188). Der Inhalt des Auseinandersetzungsvertrages ist für die Gebührenberechnung gleichgültig.

Von diesem Grundsatz macht der Abs. 2 zwei Ausnahmen.

Die erste geht dahin, daß, wenn die eheliche Gütergemeinschaft durch den Tod beendigt wurde, die Auseinandersetzung also zwischen dem überlebenden Ehegatten und dem Erben des Verstorbenen stattfindet, das Gesamtgut nur abzüglich des Betrages in Ansatz kommt, welcher dem Werte des Anteils des überlebenden Ehegatten entspricht. Diese Ausnahme ist erforderlich, um den Rechtszustand vor dem 1. Januar 1900 herzustellen. Die Fassung ist gewählt, weil möglicherweise (vgl. z. B. Art. 66 des Uebergangsgesetzes zum BGB.) die Anteile der Ehegatten an der Gütergemeinschaft verschieden sind. Für die Regelfälle, daß die Anteile gleich sind, besagt mithin der Abs. 2, daß die Gebühr nur aus dem Werte des halben Gesamtguts berechnet wird.

Die zweite Ausnahme geht dahin, daß, wenn es sich um die Teilung des Gesamtguts einer fortgesetzten Gütergemeinschaft handelt, das Gesamtgut, und zwar ohne Rücksicht auf den Grund, aus welchem die fortgesetzte Gütergemeinschaft endigte, gleichfalls nur abzüglich des Betrages, welcher dem Werte des Anteils des überlebenden Ehegatten entspricht, d. h. also in den Regelfällen, in welchen die Anteile gleich sind, nur zur Hälfte in Ansatz kommen soll. Nach dem Rechte vor dem 1. Januar 1900 wurde in diesen Fällen, zu denen insbesondere die Grundteilungen nach fränkischem Landrechte gehören, die Gebühr nach der herrschenden Uebung aus dem ganzen Gesamtgut erhoben. Der Vorschlag des Entwurfs rechtfertigt sich indessen einerseits durch Billigkeitsrücksichten, anderseits dadurch, daß, weil die fortgesetzte Gütergemeinschaft nur eintritt, wenn die eheliche Gütergemeinschaft durch den Tod eines Ehegatten endigte, die Teilung des Gesamtguts der fortgesetzten Gütergemeinschaft gebührenrechtlich der Teilung des ehelichen Gesamtguts im Falle der Auflösung der Gütergemeinschaft durch den Tod gleichzustellen ist.

Die bezeichneten Ausnahmen führen praktisch dahin, daß die Gebühr für die Auseinandersetzung des Gesamtguts in der Regel aus dem Werte des halben Gesamtguts berechnet wird. Der Wert des ganzen Gesamtguts wird der Gebührenberechnung nur in den seltenen Fällen zugrunde gelegt, daß die eheliche Gütergemeinschaft aus einem anderen Grunde als infolge des Todes eines Ehegatten, z. B. durch Ehescheidung, endigt.[1])

Der Abs. 3 trägt dafür Sorge, daß, wenn die Auseinandersetzung des Gesamtguts mit der Teilung des Nachlasses des verstorbenen Ehegatten verbunden wird, bei der Gebühr für die Auseinandersetzung des Nachlasses nur das Vermögen in Ansatz gebracht wird, welches der Ehegatte außer dem Anteil an dem Gesamtgut hat. Nach dem Bürgerlichen Gesetzbuche fällt, wenn die Gütergemeinschaft durch den Tod endigt und fortgesetzte Gütergemeinschaft nicht eintritt, der Anteil des verstorbenen Ehegatten in dessen Nachlaß. Da die Gebühr für die Auseinandersetzung des Nachlasses aus dem Werte des Nachlasses berechnet wird, würde ohne die Vorschrift des Abs. 3 der Anteil des verstorbenen Ehegatten am Gesamtgut bei der Berechnung sowohl der Gebühr für die Auseinandersetzung des Nachlasses als jener für die Auseinandersetzung des Gesamtguts in Betracht kommen. Nach dem Vorbild des Satz 2 des Art. 95 verhütet der Abs. 2 dieses Ergebnis. Wie übrigens der Wortlaut ergibt, gilt der Abs. 3 auch von dem Falle, daß die fortgesetzte Gütergemeinschaft durch den Tod des überlebenden Ehegatten endigt.

2. Nach dem Bürgerlichen Gesetzbuche wird der Nachlaß, wenn der Erblasser von mehreren beerbt wird, zunächst gemeinschaftliches Vermögen der Miterben in der Weise, daß keiner von ihnen über seinen Anteil an den einzelnen Nachlaßgegenständen allein verfügen kann (§§ 2032 Abs. 1, 2033 Abs. 2 BGB.). Der Nachlaß gehört den Erben nur zur gesamten Hand. Dem Rechte vor dem 1. Januar 1900 war die Erbengemeinschaft in diesem Sinne fremd. Es galt vielmehr der Grundsatz, daß Rechte und Verbindlichkeiten mit dem

[1]) Diese Bewertung trifft jetzt nach dem Gesetze nicht mehr zu.

Eintritte des Erbschaftserwerbes von selbst nach Maßgabe der Erbteile geteilt waren. Der einzelne Erbe hatte daher an den einzelnen Nachlaßgegenständen ein seinem Erbteil entsprechendes Bruchteilseigentum und er konnte über seinen Anteil an den einzelnen Nachlaßgegenständen verfügen. Wollen die Miterben unter der Herrschaft des Bürgerlichen Gesetzbuchs die Erbengemeinschaft in eine Gemeinschaft nach Bruchteilen verwandeln, so bedarf es hiezu der Auseinandersetzung (Auflassung).

Gehört zum Nachlaß ein Grundstück, so hat der Erbe, welcher nicht Ehegatte oder Verwandter oder Stiefverwandter in absteigender Linie war, für den Erwerb des Eigentums gemäß Art. 249 des Gebührengesetzes die Besitzveränderungsgebühr zu bezahlen. Die Besitzveränderungsgebühr ist, wie der Verwaltungsgerichtshof wiederholt anerkannt hat, auch dann geschuldet, wenn ein Grundstück auf mehrere Erben im Erbweg übergeht.[1]) Verwandeln die Miterben die Erbengemeinschaft in eine Gemeinschaft nach Bruchteilen, so haben sie für den Vertrag die Auseinandersetzungs- (Auflassungs-) Gebühr zu entrichten. Aus Billigkeitsgründen schlägt der Entwurf im Art. 146b vor, auf diese nach dem Art. 146a geschuldete Gebühr die Besitzveränderungsgebühr anrechnen zu lassen, welche die Miterben nach dem Art. 249 für den Uebergang des Grundstücks auf sie entrichtet haben.

3. Es besteht Streit darüber, ob, wenn ein Miterbe infolge davon, daß ihm die anderen Miterben ihre Anteile übertragen haben, die sämtlichen Anteile in sich vereinigt und auf diese Weise Alleineigentümer eines Grundstücks geworden ist, die Besitzveränderungsgebühr nach Art. 249 zu entrichten ist. Der Entwurf löst die Zweifel durch die zu Art. 118 und als Art. 146c vorgeschlagenen Vorschriften.

Die Gebühr von eins vom Hundert, welche für die Auseinandersetzungsverträge, bei denen Grundstücke in Frage kommen, jetzt im Art. 146 Abs. 1 Ziff. 1b, künftig im Art. 146a bestimmt ist, ist ebenso wie die im Art. 249 bestimmte Besitzveränderungsgebühr eine Verkehrssteuer. Sachlich kann es keinem Zweifel unterliegen, daß ein innerer Grund dafür nicht besteht, denjenigen, welcher den Auseinandersetzungsvertrag durch einen Anteilsübertragungsvertrag umgeht, von der Verkehrssteuer zu befreien. Denn der Tatbestand, an den die Verkehrssteuer geknüpft ist, nämlich der Wechsel des Eigen-

[1]) Vgl. u. a. Entsch. v. 19. Okt. 1903 (Sammlg. Bd. 25 S. 34).

tums an einem Grundstück, ist in beiden Fällen gleichmäßig gegeben. Dazu kommt, daß dieser Weg, die Auseinandersetzungsgebühr zu sparen, nicht für alle Fälle offen steht. Nach dem BGB. ist nur der Anteil an einem Nachlaß der Uebertragung fähig (§ 2033 Abs. 1 BGB.); der Anteil an dem Gesamtgut der ehelichen Gütergemeinschaft ist während des Bestehens der Gütergemeinschaft (§ 1442) sowie nach der Auflösung derselben (§ 1471 Abs. 2) unübertragbar und gleiches gilt von dem Anteil an einer fortgesetzten Gütergemeinschaft (§§ 1487 Abs. 1, 1497 Abs. 2). Die Uebertragung des Anteils an dem Gesamtgut einer ehelichen Gütergemeinschaft kann nur dadurch erreicht werden, daß der Anteil an dem Nachlasse des verstorbenen Ehegatten übertragen wird; damit wird dann zugleich der zu diesem gehörende Anteil an dem Gesamtgut, soweit dieses zum Nachlasse gehört, übertragen. Die Möglichkeit, durch die Anteilsübertragung die Auseinandersetzungsgebühr zu umgehen, wirkt dadurch, daß diese Möglichkeit nicht für alle Fälle offensteht, noch ungerechter.

Von diesen Erwägungen aus trifft der Entwurf im Art. 146 c folgende Regelung:

Die Anteilsübertragung soll an sich, wie bisher, der Gebühr des Art. 145 (also drei bezw. zweieinhalb vom Tausend) unterliegen, da sie für manche Fälle nicht zu entbehren ist, z. B. wenn ein Beteiligter, um auszuwandern, oder aus anderen Gründen eine Verwertung seines Anteils anstreben muß, die Auseinandersetzung selbst aber nicht möglich ist. Führt aber die Anteilsübertragung dazu, daß das Eigentum an einem Grundstücke sich in der Person eines der mehreren Beteiligten konsolidiert, weil dieser in seiner Person sämtliche Anteile vereinigt, so soll für diejenige Anteilsübertragung, welche die Konsolidation herbeiführt, außer der aus dem Werte des übertragenen Anteils zu berechnenden Gebühr des Art. 145 eine Gebühr von eins vom Hundert des Wertes des ganzen Grundstücks zu entrichten sein. Der Wert des Grundstücks ist dabei, wie sich aus Art. 188 ergibt, ohne Abzug der Schulden zu berechnen.

Die Fassung des Art. 146 c Abs. 1 spricht nur von der Uebertragung des Anteils an einem Nachlasse. Die Uebertragung des Anteils an einem Gesamtgut wird nicht erwähnt, weil sie als solche unzulässig ist, soweit sie aber im Zusammenhange mit der Uebertragung des Anteils am Nachlasse erreicht werden kann, durch die für die Uebertragung des Anteils am Nachlasse getroffene Vorschrift gedeckt wird.

Die Anteilsübertragung kann auch außerhalb Bayern erfolgen; in diesem Falle erhält die bayerische Staatskasse für die die Anteilsübertragung enthaltende Urkunde eine Gebühr nicht. Der Fall liegt gerade so, wie wenn der Kaufvertrag über ein Grundstück außerhalb Bayern beurkundet wird. Um der bayerischen Staatskasse für diesen Fall die Besitzveränderungsgebühr zu sichern, bestimmt der Art. 118, daß diese Gebühr bei der Entgegennahme der Auflassung zu entrichten ist. Im Anschluß an dieses Vorbild schreibt der Entwurf (Ziff. 12) vor, daß, wenn ein Miterbe seinen Anteil an dem Nachlaß einem anderen überträgt und sich in dessen Person infolge der Uebertragung das Eigentum an den Nachlaßgegenständen vereinigt, für die Berichtigung des Grundbuchs durch die Eintragung des Erwerbers als Alleineigentümer eine Gebühr von eins vom Hundert des Wertes des Grundstücks erhoben wird, sofern nicht diese Gebühr schon für die Anteilsübertragung gemäß Art. 146 c erhoben worden ist. Durch diese Vorschrift wird zugleich für den Fall Vorsorge getroffen, daß der die Anteilsübertragung beurkundende bayerische Notar in Unkenntnis davon, daß durch die Uebertragung die Konsolidation eintritt, nur die Gebühr des Art. 145 in Ansatz gebracht hat.

Bei der fortgesetzten Gütergemeinschaft bietet die Zulässigkeit des Verzichts eines anteilsberechtigten Abkömmlings auf seinen Anteil (§ 1491 BGB.) die Möglichkeit, die Konsolidation des Eigentums in der Person des überlebenden Ehegatten und damit dasselbe Ergebnis herbeizuführen, das die bei der fortgesetzten Gütergemeinschaft unzulässige Anteilsübertragung bewirken würde. Mit Rücksicht hierauf ist es in gleicher Weise wie bei der Anteilsübertragung geboten, die Staatskasse davor sicher zu stellen, daß ihr die Auseinandersetzungsgebühr von eins vom Hundert entgeht. Diesem Zwecke dienen die als Abs. 3 des Art. 104 und Abs. 4 des Art. 118 im Entwurfe (Ziff. 10 unter b und Ziff. 12) vorgeschlagenen Vorschriften.

Wie schon bemerkt, bezweckt der Entwurf in Ansehung der Erbteilungsverträge lediglich zum Rechte vor dem 1. Januar 1900 zurückzukehren. Klagen über diesen Rechtszustand sind niemals laut geworden und es ist deshalb zu hoffen, daß auch die Regelung des Entwurfes einen befriedigenden Rechtszustand schafft. Hierauf darf umsomehr vertraut werden, als der Entwurf dadurch, daß er es bezüglich der Eheverträge bei dem geltenden Gebührengesetze beläßt, also insofern nicht zum Rechte vor dem 1. Januar 1900 zurückkehrt, insbesondere für die ländliche Bevölkerung, da diese viel häufiger als die städtische die Gütergemeinschaft einführt, eine wesentliche Erleichterung der Gebühren bedeutet. Ein Beispiel möge dies veranschaulichen: Im Geltungsgebiete des Bayerischen Landrechts führen die Ehegatten, die nur ein vom Manne eingebrachtes, schuldenfreies Anwesen im Werte von 50 000 Mk. besitzen, allgemeine Gütergemeinschaft ein, hernach stirbt der Mann; die Frau übernimmt das Anwesen allein und zeigt dem einzigen Kinde das Erbgut aus. Vor dem 1. Januar 1900 war zu bezahlen für den Ehevertrag 250 Mk. und für den Auseinandersetzungsvertrag gleichfalls 250 Mk., in Summe also 500 Mk. Nach dem Entwurf ist zu bezahlen für den Ehevertrag 3 Mk. und für die Auseinandersetzung 250 Mk., in Summe also nur 253 Mk.

15. Der Art. 150 erhält nachstehende Fassung:

Für Gesellschaftsverträge oder Beschlüsse, welche die Errichtung von Aktiengesellschaften oder Kommanditgesellschaften auf Aktien, sowie für Verträge oder Beschlüsse, welche die Erhöhung [1]) des Aktien- oder Grundkapitals solcher Gesellschaften betreffen, wird eine Gebühr von ein und einhalb vom Hundert des Aktien- oder Grundkapitals oder der Erhöhung erhoben.

Für Gesellschaftsverträge, welche die Errichtung von Gesellschaften mit beschränkter Haftung betreffen, wird, falls das Stammkapital nicht mehr als 100 000 Mk. beträgt, eine Gebühr von fünf vom Tausend, falls es den Betrag von 100 000 Mk. übersteigt, eine Gebühr von eins vom Hundert des Stammkapitals erhoben. Für Verträge oder Beschlüsse, welche die Erhöhung des Stammkapitals betreffen, wird, falls

[1]) Unter Art. 150 fällt jede Erhöhung des Kapitals, gleichviel ob sie infolge einer vorausgegangenen Reduktion des Kapitals eine effektive Erhöhung bringt oder nicht (Sten. Ber. d. K. d. Abg. V 946).

das Stammkapital nach der Erhöhung nicht mehr als 100 000 Mk. beträgt, eine Gebühr von fünf von Tausend, falls es mehr als 100 000 Mk. beträgt, eine Gebühr von eins vom Hundert des Betrages erhoben, um den das Stammkapital erhöht wird.

Wenn jedoch der Zweck einer der bezeichneten Gesellschaften nicht auf den Gewinn der Teilhaber gerichtet ist, kommt statt der im Abs. 1 oder 2 bestimmten Gebühr die Gebühr des Art. 145 aus der Summe zur Erhebung, nach der sich die Gebühr des Abs. 1 oder 2 berechnet.

Wird das Aktien-, Grund- oder Stammkapital oder die Erhöhung nicht sogleich voll einbezahlt, so ist die Gebühr aus der jedesmaligen Teilzahlung zu entrichten, deren Einforderung der Vorstand der Aktiengesellschaft, bei Kommanditgesellschaften auf Aktien der Aufsichtsrat, bei Gesellschaften mit beschränkter Haftung die Geschäftsführer der zuständigen Regierungsfinanzkammer vor dem anberaumten Einzahlungstermin anzuzeigen haben.[1]) Im Falle der Unterlassung rechtzeitiger Anzeige unterliegen die Mitglieder des Vorstands der Aktiengesellschaft oder des Aufsichtsrates der Kommanditgesellschaft auf Aktien oder die Geschäftsführer der Gesellschaft mit beschränkter Haftung einer Geldstrafe von je 30 bis 300 Mk. Für die Entrichtung der Geldstrafen haftet die Gesellschaft.

Soweit in solchen Verträgen sich der eine Teil verpflichtet, nicht in Geld bestehendes Vermögen in die Gesellschaft einzubringen, wird neben der Gebühr der Abs. 1 bis 3, wenn das Einbringen in einem in Bayern gelegenen Grundstücke

[1]) Mitteilung von den Anzeigen über nachträgliche Einzahlungen an die Rentämter, Ziff. I 4 VollzBek.

oder in einem den Grundstücken gleichstehenden Rechte besteht, die Gebühr des Art. 146, wenn es in anderen Gegenständen besteht, die Gebühr des Art. 145 erhoben.[1]).

Begründung:

Die Ergänzung des Art. 150 Abs. 1 durch die Einfügung der Worte: „oder Beschlüsse" beruht auf den gleichen Erwägungen, die der Ergänzung des Art. 60 Abs. 1 (Art. 1 Ziff. 3 des Entwurfes) zugrunde liegen.

Für die Bewertung von Gesellschaftsverträgen, welche die Errichtung von Gesellschaften mit beschränkter Haftung betreffen, enthält das geltende Recht keine besonderen Bestimmungen. Solche Verträge unterliegen daher nur der allgemeinen Vertragsgebühr des Art. 145 (selbstverständlich abgesehen vom etwaigen vertragsmäßigen Abmachungen über Grundstücke). Die wachsende wirtschaftliche Bedeutung dieser Gesellschaftsform rechtfertigt es jedoch, für die notarielle Beurkundung des Vertrags über die Errichtung von Gesellschaften mit beschränkter Haftung besondere, der gegenüber dem einzelnen Unternehmer oder Gewerbtreibenden ungleich größeren Leistungsfähigkeit dieser Gesellschaften entsprechende Gebührenvorschriften zu treffen. Diese Vorschriften sind im Abs. 2 des Entwurfes vorgesehen. Hienach soll für die Bewertung von Gesellschaftsverträgen über die Errichtung von Gesellschaften mit beschränkter Haftung die Höhe des Stammkapitals maßgebend sein und die Gebühr hieraus, falls das Stammkapital nicht mehr als 100000 Mk. beträgt, fünf vom Tausend, falls es aber den Betrag von 100000 Mk. übersteigt, eins vom Hundert betragen. Weiter sollen für Beiträge oder Beschlüsse, welche die Erhöhung des Stammkapitals betreffen, die im Entwurfe vorgesehenen Gebühren zur Erhebung gelangen. Gegen diese Vorschläge werden begründete Bedenken nicht erhoben werden können, wenn berücksichtigt wird, daß die Stamm- und Geschäftsanteile der Gesellschafter nicht, wie die Aktien und Interimsscheine, der Reichsstempelabgabe unterliegen und daß die Gebührensätze für die Errichtung von Gesellschaften mit beschränkter Haftung nach der Leistungsfähigkeit der einzelnen Gesellschaften bemessen und selbst in ihrem Höchstbetrag wesentlich niedriger sind wie die Gebühren für die Errichtung von Aktiengesellschaften und Kommanditgesellschaften auf Aktien.

---

[1]) Vgl. Ziff. II VollzBek.

Die Absätze 3 und 4 des Entwurfes entsprechen sachlich den Absätzen 2 bis 4 des Art. 150, jedoch mit der Maßgabe, daß diese lediglich auf Aktiengesellschaften und Kommanditgesellschaften auf Aktien anwendbaren Vorschriften nunmehr auch auf die Gesellschaften mit beschränkter Haftung ausgedehnt werden.

Es ist streitig geworden, ob unter dem im Art. 150 Abs. 5 gebrauchten Ausdrucke: „bewegliche Sachen" nur körperliche bewegliche Gegenstände im Sinne des § 90 des Bürgerlichen Gesetzbuchs oder auch andere nicht in Geld bestehende Vermögenswerte zu verstehen seien. Diese Streitfrage beseitigt der Entwurf durch eine erweiterte Fassung dieses Absatzes und stellt im Sinne der ursprünglichen Absicht des Gesetzes, wonach alle Einlagen und Uebertragungen von Wertgegenständen jeglicher Art von den besonderen Gebühren der Art. 145, 146 erfaßt werden sollen, in dem nunmehr auch auf Gesellschaften mit beschränkter Haftung ausgedehnten Abs. 5 klar, daß neben den Gebühren der Abs. 1, 2 die Gebühr des Art. 146 besonders zu erheben ist, wenn das Einbringen in einem in Bayern gelegenen Grundstücke oder in einem den Grundstücken gleichstehenden Rechte besteht, wogegen die Gebühr des Art. 145 zur Erhebung gelangt, wenn das Einbringen in anderen Wertgegenständen, so z. B. Patent-, Lizenz-, Musterschutz-, Autoren- rc. Rechten, außerbayerischen Grundstücken, Forderungen rc., besteht.

16. Im Art. 160 Abs. 1 werden

1. nach den Worten:

„oder Rechte an Grundstücken" die Worte eingeschaltet:
„insbesondere Rechtsgeschäfte, durch die der Inhalt eines
„Rechtes an einem Grundstücke geändert wird";

2. als Satz 2 folgende Vorschrift beigefügt:

„Für Rechtsgeschäfte, welche die Ersetzung der durch eine
„Hypothek gesicherten Forderung durch eine andere betreffen,
„wird jedoch die Gebühr des Art. 155 erhoben, sofern die
„neue Forderung einem anderen Gläubiger zusteht".[1])

[1]) Vgl. Ziff. VI 1 VollzBek.

Begründung:

Es sind Zweifel entstanden, ob unter den Art. 160 Abs. 1 des Gebührengesetzes Vereinbarungen über Aenderungen von Zins- und Zahlungsbedingungen bei eingetragenen Hypotheken fallen. Daß die Bejahung der Absicht des Gesetzes entspricht, ergibt sich aus den über diese Frage wiederholt im Landtage gepflogenen Verhandlungen (vgl. insbesondere Sten. Ber. d. K. d. Abg. 1898/99 Bd. 9 S. 662, Sten. Ber. d. K. d. RR. 1898/99 Bd. 6 S. 457) und ist unter der Herrschaft des früheren Gebührengesetzes, dessen Art. 122 Abs. 3 sich von dem Art. 160 Abs. 1 nur dadurch unterscheidet, daß er auf Hypotheken beschränkt war, in der Praxis stets anerkannt worden.

Zur Lösung der Zweifel schlägt der Entwurf unter Ziff. 1 vor, im Art. 160 Abs. 1 die Worte „Rechtsgeschäfte über Rechte an Grundstücken" durch den Zusatz „insbesondere Rechtsgeschäfte, durch die der Inhalt eines Rechtes an einem Grundstücke geändert wird," zu erläutern.

Daß Vereinbarungen über die Zins- und Zahlungsbedingungen einer Hypothek, z. B. die Umwandlung einer gewöhnlichen Darlehenshypothek in eine Annuitätenhypothek, die Erhöhung oder die Herabsetzung des Zinsfußes, Rechtsgeschäfte über den Inhalt der Hypothek sind, kann im Hinblick auf § 1119 mit § 877 des BGB. einem begründeten Bedenken nicht unterliegen. Die allgemeine Fassung des Entwurfes hat den Vorzug, daß sie alle Rechtsgeschäfte über den Inhalt eines Rechtes an einem Grundstücke trifft, z. B. die Aenderung der Fahrtrichtung bei einem Wegerechte (vgl. insbesondere § 1023), die Verteilung der Reallast bei einer Teilung des berechtigten Grundstücks (§ 1109), die Aenderung des belasteten Grundstücks, indem z. B. ein weiteres Grundstück mit der Hypothek belastet (vgl. z. B. § 1131) oder ein mithaftendes Grundstück aus der Haftung entlassen wird, die Aenderung des Ranges (§ 880), die nachträgliche Ausschließung der Erteilung eines Hypothekenbriefs sowie die Aufhebung der Ausschließung (§ 116), die Ersetzung der Forderung, für welche die Hypothek besteht, durch eine andere, demselben Gläubiger zustehende Forderung (§ 1180), die Umwandlung einer Hypothek in eine Grundschuld oder umgekehrt (§§ 1186, 1198, 1203), die nachträgliche Bestellung eines Vertreters des Gläubigers bei einer Hypothek oder Grundschuld für die Forderung aus einer Inhaberschuldverschreibung (§§ 1189, 1195 des BGB.). Die allgemeine Fassung stellt ferner klar, daß es für die Anwendbarkeit des

Art. 160 nicht darauf ankommt, ob das Rechtsgeschäft zwischen dem ursprünglichen Berechtigten oder Verpflichteten oder einem Rechtsnachfolger geschlossen wird.

Wegen des in der Ziff. 2 enthaltenen Vorschlags wird auf die Begründung zu der zum Art. 119 angeregten Aenderung verwiesen (Entwurf Art. 1 Ziff. 13).

17. Im Art. 161 treten an die Stelle der Worte: „nur der Gebühr von drei vom Tausend der Gegenstandssumme" die Worte

„nur der Gebühr des Art. 145".

Begründung:

Nach der Fassung des Art. 123 des Gebührengesetzes vom 18. August 1879 unterliegen Verträge über unbewegliche Sachen oder diesen gleichstehende Rechte, die sich außerhalb Bayerns befinden, der Gebühr des Art. 113 Ziff. 2, d. i. der Gebühr von drei vom Tausend der Gegenstandssumme. Da diese Gebühr in dem an Stelle des Art. 113 Ziff. 2 getretenen Art. 145 des geltenden Gesetzes bei Wertgegenständen, die den Betrag von 2000 Mk. nicht übersteigen, auf zweieinhalb vom Tausend ermäßigt worden ist, erscheint es veranlaßt und entspricht es auch der Absicht des Gesetzes, diese Begünstigung auf Verträge über Rechtsverhältnisse an außerbayerischen Grundstücken und diesen gleichstehende Rechte auszudehnen.

18. Im Art. 173 erhält

a) Abs. 2 nachstehende Fassung:

Für die vollstreckbare Ausfertigung von Urkunden über einen Anspruch, für welchen eine Hypothek Grundschuld oder Rentenschuld besteht, sowie für andere Ausfertigungen oder beglaubigte Abschriften beträgt die Gebühr 50 Pfennig.[1] [2]

[1] Eine Abänderung des Abs. 2 war im Entwurf nicht vorgesehen. Die jetzige Fassung wurde auf Anregung des Ausschusses der Kammer der Abgeordneten und auf Grund eines Antrags der Kgl. Staatsregierung beschlossen. Die Absicht dabei war, eine Erleichterung

b) Als Abs. 4 wird folgende Vorschrift beigefügt:

Für die dem Grundbuchamte gemäß § 9 Abs. 1 der Grundbuchordnung zur Aufbewahrung vorzulegende beglaubigte Abschrift der Urkunde wird die Gebühr des Abs. 2 dann nicht erhoben, wenn die Urkunde, von welcher beglaubigte Abschrift vorzulegen ist, von dem Notar selbst aufgenommen worden ist.

Begründung:

Nach § 9 Abs. 1 der Grundbuchordnung muß das Grundbuchamt Urkunden, auf die eine Eintragung sich gründet oder Bezug nimmt, aufbewahren. Die Herausgabe einer solchen Urkunde darf nur erfolgen, wenn statt der Urkunde eine beglaubigte Abschrift aufbewahrt wird. In den zahlreichen Fällen, in denen die Eintragungsbewilligung oder die sonstige Erklärung, auf Grund deren die Eintragung erfolgen soll, im unmittelbaren Anschluß an das Rechtsgeschäft, das ihr zugrunde liegt, z. B. an den Kauf, den Darlehensvertrag, das Schuldbekenntnis, in dieselbe Urkunde aufgenommen wird, kann die Urschrift der Urkunde nicht dem Grundbuchamte zur Aufbewahrung überlassen werden. In diesen Fällen benötigen in der Regel die Beteiligten eine Ausfertigung der Urkunde. Es muß deshalb eine beglaubigte Abschrift der Urkunde zur Aufbewahrung beim Grundbuchamte hergestellt werden, deren Kosten die Beteiligten zu tragen haben. Hiedurch tritt gegenüber dem nach dem Hypothekengesetze bestehenden Rechtszustand eine Erhöhung der Kosten zahlreicher Rechtsgeschäfte des Liegenschaftsverkehrs ein, die ausschließlich durch die neue Einrichtung des Grundbuchwesens bedingt ist. Es entspricht der Billigkeit, diese Kosten auf ein Mindestmaß einzuschränken. Aus diesem Grunde sind durch die Nr. 1 der Verordnung vom 25. Februar 1905 (GVBl. S. 59) die Schreibgebühren der Notare für die

des Hypothekenverkehrs zu schaffen (Sten. Ber. d. K. d. Abg. V 945). Vgl. Oberst. GH., Beschl. v. 3. Juli 1905 (Sammlg. Bd. 6 S. 443); Beschl. v. 6. März 1906 (Sammlg. Bd. 7 S. 122, 129, 132).

[2]) 50 Pfennig Gebühr nun auch für vollstreckbare Ausfertigungen von Urkunden, in denen die Zins- und Zahlungsbestimmungen einer bereits bestehenden Hypothek geändert werden, Ziff. VI 2 VollzBek.

Herstellung der zur Aufbewahrung bei dem Grundbuchamte bestimmten Abschriften und Auszüge in der Weise herabgesetzt worden, daß der Notar nur eine Schreibgebühr von 10 Pfennigen für die Seite und, wenn die Gegenstandssumme des Geschäfts nicht mehr als 200 Mk. beträgt oder wenn für das Geschäft eine feste Gebühr oder eine Zeitgebühr zu entrichten ist, keine Gebühr erhält. Aus dem gleichen Grunde erscheint es angemessen, von der Erhebung einer Gebühr für die Beglaubigung derartiger Abschriften abzusehen. Zu diesem Zweck schlägt der Entwurf vor, dem Art. 173 einen weiteren Absatz beizufügen, in dem ausdrücklich bestimmt wird, daß die Beglaubigung der zur Aufbewahrung bei dem Grundbuchamte bestimmten Abschriften gebührenfrei ist. Selbstverständlich kann sich die Gebührenfreiheit nur auf Fälle erstrecken, in denen die beglaubigte Abschrift von dem Notar hergestellt wird, der die Urkunde aufgenommen hat, weil nur in diesem Falle die Entrichtung der Gebühr für die Beurkundung des Rechtsgeschäfts als solchen gesichert ist.

19. Der Art. 220 Abs. 1 erhält folgende Fassung:

Für die Entscheidung einschließlich des vorangegangenen Verfahrens werden erhoben:

1. 20 bis 200 Mk.

a) für die Genehmigung der Aenderung eines Familiennamens, vorbehaltlich der Bestimmung des Art. 242,

b) für die Verleihung der Rechtsfähigkeit an Vereine, deren Zweck auf einen wirtschaftlichen Geschäftsbetrieb gerichtet ist;

2. die volle Gebühr des § 8 des Reichs-Gerichtskostengesetzes:

a) für die Volljährigkeitserklärung; steht jedoch der Minderjährige unter Vormundschaft, so wird für die Volljährigkeitserklärung nur eine Gebühr von einem Zehnteile der Sätze des § 8 des Reichs-Gerichtskostengesetzes erhoben; das gleiche gilt, wenn der Mutter des Minderjährigen ein

Beistand bestellt ist und die Gebühr für die Beistandschaft sich nach dem ganzen Vermögen des Minderjährigen berechnet;

b) für die Bewilligung einer nach den §§ 1303, 1313 des Bürgerlichen Gesetzbuches zulässigen Befreiung;

c) für die Ehelichkeitserklärung;

d) für die Bewilligung der Befreiung von einem der Erfordernisse des § 1744 des Bürgerlichen Gesetzbuchs;

3. das Zweifache der Gebühr des § 8 des Reichs-Gerichtskostengesetzes für die Bewilligung einer nach § 1312 des Bürgerlichen Gesetzbuchs zulässigen Befreiung.

In den Fällen der Ziff. 2 und 3 wird der Wert, aus dem die Gebühr zu berechnen ist, unter Berücksichtigung der Vermögens- und sonstigen Erwerbsverhältnisse festgesetzt. Die Gebühr kann beim Vorliegen besonderer Umstände bis auf ein Viertel ermäßigt werden.[1])

Begründung:

Der Vorschlag entspricht hinsichtlich der Entscheidungen auf Gesuche um Bewilligung der Aenderung eines Familiennamens und um Verleihung der Rechtsfähigkeit an Vereine, deren Zweck auf einen wirtschaftlichen Geschäftsbetrieb gerichtet ist, dem geltenden Rechte. Bezüglich der weiteren im Art. 220 angeführten Entscheidungen verläßt jedoch der Entwurf das System der Bauschgebühren, indem er Wertgebühren in Anlehnung an den § 8 des Reichs-Gerichtskostengesetzes zur Erhebung bringen will. Hienach soll regelmäßig die volle Gebühr des § 8 erhoben werden für die Volljährigkeitserklärung, für die Bewilligung einer nach den §§ 1303, 1313 BGB. zulässigen Befreiung (Befreiung der Frau von dem Alter der Ehemündigkeit, Befreiung von der Wartezeit), für die Bewilligung der Befreiung von einem der Erfordernisse des § 1744 BGB. (Befreiung von den Erfordernissen der Annahme an Kindesstatt) und für die Ehelichkeitserklärung, wogegen für den besonderen Fall

[1]) Diese Möglichkeit der Ermäßigung ist von wesentlicher Bedeutung; beim Vollzug ist auf diese Bestimmung besonders Gewicht zu legen (Sten. Ber. d. K. d. Abg. V 945).

der Ziff. 3 (Bewilligung einer nach § 1312 BGB. zulässigen Befreiung von dem Verbote der Ehe zwischen einem wegen Ehebruchs geschiedenen Ehegatten und demjenigen, mit welchem er den Ehebruch begangen hat) ausnahmsweise ein höherer Satz gewählt ist, was der Natur der Sache nach vollkommen gerechtfertigt erscheinen wird.

Dadurch, daß diese Gebühren unter Berücksichtigung der Vermögens- und sonstigen Erwerbsverhältnisse festgesetzt werden und bei dem Vorliegen besonderer Umstände bis auf ein Viertel ermäßigt werden können, bringt die neue Fassung für die minderbemittelten Bevölkerungskreise eher eine Ermäßigung als eine Erhöhung, anderseits gestatten aber die Vorschläge für Personen in günstiger Vermögenslage eine der Bedeutung der Sache entsprechende Steigerung der Gebühr.

Die für die Volljährigkeitserklärung getroffene Ausnahme entspricht dem Rechte anderer Staaten und rechtfertigt sich auch aus Billigkeitsgründen.

20. Dem Art. 231 wird folgende neue Ziffer angefügt:

„23. bei Gesuchen um Bewilligung zur Annahme von Kost-
„kindern nach Art. 41 des Polizeistrafgesetzbuchs."

Begründung:

Nach dem geltenden Rechte werden bei Gesuchen um Bewilligung zur Annahme von Kostkindern nach Art. 41 des Polizeistrafgesetzbuchs mangels einer besonderen Befreiungsvorschrift regelmäßig Gebühren nach Art. 199 Ziff. 2 des Gebührengesetzes erhoben. Einer in der Kammer der Abgeordneten gemachten Anregung entsprechend (vgl. Sten. Ber. d. K. d. Abg. 1893/94 Bd. 4 S. 16) hat hieran schon die gemeinschaftliche Entschließung der K. Staatsministerien des Innern und der Finanzen vom 7. Juni 1894 insofern eine Milderung eintreten lassen, als damals verfügt wurde, daß von Erhebung der Gebühr dann abzusehen sei, wenn die Aufnahme von Kostkindern aus Veranlassung der Armenpflege erfolgt ist und die Armenpflege sonach die an sich von der Partei geschuldete Gebühr dieser wieder zu ersetzen hätte. In neuerer Zeit sind jedoch wiederholt seitens der Beteiligten über den Ansatz von Gebühren Klagen geführt worden und auch die mit der Beschlußfassung über Gesuche um Bewilligung zur

Annahme von Kostkindern befaßten Behörden haben sich dahin ausgesprochen, daß aus wichtigen sozialpolitischen und hygienischen Gründen von Erhebung der Gebühr abzusehen wäre, da die Gebührenerhebung häufig die Ursache sei, daß die polizeiliche Anmeldung unterlassen und infolgedessen die Ueberwachung des Kostkinderwesens außerordentlich erschwert werde. Die für die Gebührenfreiheit solcher Verhandlungen und Entscheidungen vorgebrachten Gründe erscheinen in hohem Maße beachtenswert und rechtfertigen die vorgeschlagene Bestimmung umsomehr, als die Anträge der Parteien auf Bewilligung zur Annahme von Kostkindern nicht freiwillig, sondern auf Grund einer gesetzlichen, mit Strafandrohung ausgestatteten Zwangsvorschrift, nämlich des Art. 41 des Polizeistrafgesetzbuchs, gestellt werden.

21. Im Art. 237 wird der Abs. 1 gestrichen.

Begründung:

Die Gebühr für die Anstellung im Hof-, Staats-, Militär-, Gemeinde- und sonstigen öffentlichen Dienste, wie sie im Art. 199 des früheren Gebührengesetzes normiert war, ist seit dem 1. Juli 1899 in Wegfall gekommen (vgl. Art. C des Gesetzes vom 9. Juni 1899, Aenderungen des Gesetzes über das Gebührenwesen betreffend, Beilage zum GVBl. 1899 S. 212). Demnach hat auch der Art. 237 Abs. 1 des geltenden Gesetzes, der an den früheren Art. 199 anknüpft und die Erhebung der sog. Anstellungsgebühr zur Voraussetzung hat, seine Bedeutung verloren und muß daher gestrichen werden.

22. Der Art. 250 Abs. 2 erhält folgende Fassung:

„Geht das Eigentum an einem Grundstücke oder ein diesem „gleichstehendes Recht auf mehrere Personen gemeinschaftlich „über, so ist die Gebühr nach den Anteilsrechten der ein„zelnen Personen gesondert zu berechnen. Die Erbengemein„schaft gilt als eine Gemeinschaft nach Bruchteilen." [1] [2]

---

[1] Vgl. Ziff. V 1 und 2 der VollzBek.

[2] Keine Erhebung des Gebührenäquivalents von den Erbengemeinschaften (Sten. Ber. d. K. d. Abg. V 941).

Begründung:

Der Satz 1 des vorgeschlagenen Art. 250 Abs. 2, der für alle Fälle des Abs. 1 des Art. 250 zu gelten hat, entspricht sachlich dem bisherigen Abs. 2 mit dem Unterschiede, daß der Zwischensatz: „welche verschiedene Prozentsätze schulden" als entbehrlich gestrichen wurde. Denn aus der Vorschrift, daß bei dem gemeinschaftlichen Uebergange des Eigentums an einem Grundstücke oder einem diesem gleichstehenden Rechte auf mehrere Personen die Gebühr nach den Anteilsrechten der einzelnen Personen gesondert zu berechnen sei, ergibt sich von selbst die Folgerung, daß von den einzelnen Personen die Besitzveränderungsgebühr nur zu dem Prozentsatze zur Erhebung gelangen soll, die von ihnen nach Maßgabe des Verwandtschaftsverhältnisses oder der Höhe der Gegenstandssumme geschuldet wird.

Der Satz 2 des vorgeschlagenen Absatzes 2 ist neu und stellt in Uebereinstimmung mit der seitherigen Praxis und der Rechtsprechung des Verwaltungsgerichtshofs (vgl. z. B. Sammlung der Entscheidungen Bd. 25 S. 34) fest, daß die Besitzveränderungsgebühr auch bei dem Uebergang des Eigentums an einem Grundstücke oder einem diesem gleichstehenden Rechte auf die Erbengemeinschaft zur Erhebung zu gelangen habe. Hiebei wird bestimmt, daß die Erbengemeinschaft als eine Gemeinschaft nach Bruchteilen gilt, daß also in Bezug auf die Gebührenbewertung das Miteigentum der Erben und ihre Anteilsrechte am Nachlasse als Ganzem so zu behandeln sind, wie wenn ihnen Bruchteile an den einzelnen Nachlaßgegenständen zukommen würden. Durch diese Fassung wird ferner auch klargestellt, wie im einzelnen Falle die Besitzveränderungsgebühr zu berechnen und wer als deren Schuldner zu erachten sei.

23. Als Art. 251 a werden folgende Vorschriften eingestellt:

Artikel 251 a.

Ist der Erbe durch Verfügung von Todes wegen verpflichtet, an einen Vermächtnisnehmer ein zum Nachlasse gehöriges Grundstück oder ein den Grundstücken gleichstehendes Recht zu übertragen, so wird die von ihm aus dem Werte des Grundstücks oder des Rechtes entrichtete Besitzveränderungsgebühr zurückvergütet, wenn der Nachweis erbracht ist, daß die Auflassung zwischen dem Erben und dem Vermächtnisnehmer stattgefunden hat und die Gebühr für die Auflassung entrichtet ist.[1] [2]

Begründung:

Nach den Vorschriften des Bürgerlichen Gesetzbuchs geht die Erbschaft auf den berufenen Erben über, unbeschadet des Rechtes, sie auszuschlagen (§ 1942). Dagegen wird durch das Vermächtnis für den Bedachten nur das Recht begründet, von dem Beschwerten die Leistung des vermachten Gegenstandes zu fordern (§ 2174). Der unmittelbare dingliche Anfall des vermachten Gegenstandes an den Bedachten ist ausgeschlossen, die Wirkung des Vermächtnisses vielmehr auf die Begründung eines Forderungsrechtes beschränkt. Der Uebergang des vermachten Gegenstandes muß mithin stets vom Erben durch Eigentumsübertragung oder Abtretung vermittelt werden. Besteht der vermachte Gegenstand in einem Grundstücke oder in einem dem Grundstücke gleichstehenden Rechte, so bedarf es zur Uebertragung des Eigentums der Einigung des Erben und des Vermächtnisnehmers über den Eintritt der Rechtsänderung und der Eintragung der Rechtsänderung in das Grundbuch (§§ 873, 925).

Aus diesen Bestimmungen ergibt sich für die Anwendung der Vorschriften des Gebührengesetzes, daß einerseits für den im Erbwege erfolgten Erwerb von Eigentum an einem Nachlaßgrundstücke oder einem dem Grundstücke gleichstehenden Rechte die Besitzveränderungsgebühr (Art. 249, 250 des Gebührengesetzes), andererseits für die durch den Erben zu bewirkende Uebertragung des Grundstücks oder Rechtes an den Vermächtnisnehmer die Vertrags- oder Auflassungsgebühr (Art. 146, 147) zu entrichten ist.

Das vor dem Inkrafttreten des Bürgerlichen Gesetzbuchs in Bayern geltende Recht teilte zum Teil den Standpunkt des Bürgerlichen Gesetzbuchs, zum Teil kannte es das sog. Vindikationslegat, d. h. es ließ durch das Vermächtnis einer dem Erblasser gehörenden Sache mit dem Vermächtniserwerbe unmittelbar in der Person des

---

[1] Wegen Anwendung des Art. 251a schon im Geltungsbereich des bisherigen Liegenschaftsrechtes siehe Ziff. 24 und die Begründung dort.

[2] Vgl. Ziff. V 3 und 4 der VollzBek.

Vermächtnisnehmers das Eigentum an der vermachten Sache entstehen. Das Vindikationslegat war insbesondere im gemeinen Rechte und im Bayerischen Landrechte zugelassen. Dagegen nehmen den gleichen Standpunkt wie das Bürgerliche Gesetzbuch u. a. das Oesterreichische Recht ein, nach einer ziemlich weit verbreiteten Ansicht auch das Preußische Landrecht und der Code civil. Der Entwurf der im Jahre 1899 ausgearbeiteten Novelle zum Gebührengesetze hatte mit Rücksicht darauf, daß aus den Rechtsgebieten, denen das Vindikationslegat fremd war, nie Klagen laut geworden sind, geglaubt, es einfach bei den aus dem Bürgerlichen Gesetzbuche sich ergebenden Folgerungen für die Besitzveränderungsgebühr belassen zu dürfen. Dazu kommt, daß in den Fällen, in denen das Vermächtnis bedingt oder befristet ist, der Erbe auch von dem Grundstücke einen Vorteil hat, die Erhebung der Besitzveränderungsgebühr von ihm also auch materiell gerechtfertigt erscheint.

Inzwischen sind über den Standpunkt des geltenden Gebührengesetzes vielfach Beschwerden geführt worden. Es ist auch nicht zu verkennen, daß die Fälle, in denen die Erfüllung des Vermächtnisses sofort erfolgt, die Regel bilden, in diesen Fällen aber die Erhebung der Besitzveränderungsgebühr als unbillig erscheint, weil hier das Grundstück bei dem Erben nicht verbleibt, das Eigentum des Erben vielmehr nur ein Durchgangsstadium darstellt. Diese Unbilligkeit gegenüber dem Erben will der Entwurf dadurch beseitigen, daß die von dem Erben entrichtete Besitzveränderungsgebühr dann zur Rückvergütung gelangen soll, wenn der Nachweis erbracht ist, daß die Auflassung zwischen ihm und dem Vermächtnisnehmer stattgefunden hat und die Gebühr für die Auflassung entrichtet ist. Die Erbringung dieses Nachweises wird in der Praxis keine Schwierigkeiten bieten, sie wird am einfachsten durch Vorlage der bezüglichen Urkunde und der Quittung über die bezahlte Vertrags- bzw. Auflassungsgebühr an das Rentamt zu erfolgen haben.

Im Art. 250 Ziff. 1 lit. a des geltenden Gebührengesetzes ist der Fall erwähnt, daß das Eigentum im Wege des Vermächtnisses übergeht. Die Erwähnung dieses Falles darf nicht deshalb gestrichen werden, weil das Bürgerliche Gesetzbuch das Vindikationslegat nicht kennt. Denn das Gebührengesetz hat zu berücksichtigen, daß ein Vindikationslegat auf Grund der Vorschriften des internationalen Privatrechtes oder der Uebergangsbestimmungen auch nach dem 1. Januar 1900 noch möglich ist.

23 a. Der Art. 258 Ziff. 5 erhält nachstehende Fassung:

5. Versteigerungen landwirtschaftlicher Produkte; ausgenommen sind jene, welche anläßlich gewerbsmäßiger Güterzertrümmerungen vorgenommen werden, sowie diejenigen Weinversteigerungen, bei welchen der erzielte Gesamterlös den Betrag von 100 Mk. übersteigt.[1] [2])

24. Der Art. 313 wird aufgehoben.[3])

Begründung:

Nach der Uebergangsbestimmung im Art. 313 des geltenden Gebührengesetzes finden die Vorschriften der Art. 249 bis 252 in den Bezirken, in denen das Grundbuch noch nicht angelegt ist, nur hinsichtlich der Gebührensätze Anwendung; im übrigen gelten in diesen Bezirken bis zu dem Zeitpunkte, zu welchem das Grundbuch als angelegt anzusehen ist, noch die Vorschriften der Art. 213 bis 216 des früheren Gesetzes in der Fassung vom Jahre 1892.

Im Interesse der Schaffung einer einheitlichen Grundlage für die Erhebung der Besitzveränderungsgebühr, namentlich aber auch aus dem Grunde, um die durch den vorgeschlagenen neuen Art. 251 a (vgl. die Begründung zum Art. I Ziff. 23) in Aussicht genommenen Gebührenerleichterungen auch in denjenigen Bezirken eintreten lassen zu können, in denen das Grundbuch noch nicht als angelegt erklärt ist, erweist sich die Aufhebung des Art. 313 als geboten. Dieser Artikel ist daher zu streichen.

Artikel II.

Dieses Gesetz tritt am 1. September 1906 in Kraft.[4])

[1]) Im Entwurf war eine Abänderung der Ziff. 5 des Art. 258 nicht vorgesehen.

Die jetzige Fassung beruht auf einem Antrag „Dr. Matzinger" und einem Beschluß des Ausschusses der Abgeordnetenkammer (Sten. Ber. d. K. d. Abg. V 946).

[2]) Eine Gebührenbefreiung auch für Versteigerungen der Rauhwarengenossenschaften zu gewähren, wurde abgelehnt (a. a. O.).

[3]) Vgl. auch Ziff. V 3 VollzBek.

[4]) Wegen späteren Inkrafttretens von Vorschriften siehe Art. III.

Artikel III.

Die Vorschriften über die Gebühren in Vormundschaftssachen finden von dem Inkrafttreten dieses Gesetzes an auf die in diesem Zeitpunkte anhängigen Vormundschaften, Pflegschaften und Beistandschaften Anwendung. Die Gebühr des Art. 84 ist jedoch bis zum 31. Dezember 1906 noch nach den bisherigen Sätzen zu berechnen.

Die Vorschrift im Art. 89 Abs. 5 findet von dem Inkrafttreten dieses Gesetzes an auch insoweit Anwendung, als die frühere Tätigkeit des Vormundschaftsgerichts vor diesem Zeitpunkte gelegen ist.

Begründung siehe bei Art. IV.

Artikel IV.

Für die vor dem Inkrafttreten dieses Gesetzes eingetretenen Erbfälle bleiben die bisherigen Vorschriften über die Gebühren in Nachlaß- und Teilungssachen (Art. 94 bis 115)[1]) maßgebend.

Begründung:

Nach dem Vorgange des Art. 274 Abs. 4 des Gebührengesetzes in der Fassung vom Jahre 1892 schlägt der Entwurf im Art. III Abs. 1 Satz 1 vor, daß die Vorschriften über die Gebühren in Vormundschaftssachen von dem Inkrafttreten des Gesetzes an auf die in diesem Zeitpunkte anhängigen Vormundschaften, Pflegschaften und Beistandschaften Anwendung finden sollen, und zwar deshalb, damit bei der längeren Dauer solcher Verhandlungen die Anwendung der neuen Gebührenvorschriften nicht ohne Grund verzögert wird. Nur sollen gemäß Satz 2 des Abs. 1 die für jedes

[1]) In Art. IV sind nicht die notariellen, sondern die gerichtlichen Gebühren gemeint. Dies wird durch die Bezugnahme auf Art. 94 bis 115, die im Entwurf noch nicht enthalten war, sondern auf einem Beschluß des Ausschusses der Kammer der Abgeordneten beruht, zum Ausdruck gebracht (Sten. Ber. d. K. d. Abg. V 948).

Jahr der Dauer der Vormundschaft, Pflegschaft oder Beistandschaft zu erhebenden Gebühren des Art. 84 bis zum 31. Dezember 1906 noch nach den bisherigen Sätzen erhoben werden, was sich im Interesse der Vereinfachung der Gebührenberechnung empfehlen wird.

Im Abs. 2 trifft der Entwurf eine der Billigkeit entsprechende Bestimmung dahin, daß die für die Gebührenpflichtigen günstigeren Vorschriften des Art. 89 Abs. 5 von dem Inkrafttreten des Gesetzes an auch insoweit Anwendung finden, als die frühere Tätigkeit des Vormundschaftsgerichts vor diesem Zeitpunkte gelegen ist.

Der im Art. IV gemachte Vorschlag bedarf keiner besonderen Begründung.

Artikel V.

Die Vorschriften des Art. 118 Abs. 3, 4 finden auf die Umschreibung im Hypothekenbuch entsprechende Anwendung.

Begründung:

Da die Vorschriften des Art. 118 Abs. 3, 4 (Art. I Ziff. 12 des Entwurfes) das Bestehen des Grundbuchs zur Voraussetzung haben, das Grundbuch aber zurzeit noch nicht im ganzen Gebiete des Königreichs als angelegt erklärt ist, erscheint es geboten, durch eine besondere Bestimmung ausdrücklich anzuordnen, daß die Vorschriften des Art. 118 Abs. 3, 4 auf die Umschreibung im Hypothekenbuche gleichmäßig Anwendung zu finden haben.

Artikel VI.

Das Staatsministerium der Finanzen wird ermächtigt:

1. die Gebühren für eine nach dem 1. Januar 1906 erfolgte notarielle Auseinandersetzung in Ansehung des Gesamtguts einer ehelichen oder fortgesetzten Gütergemeinschaft insoweit zu erlassen oder zurückzuvergüten, als die Gebühr nach dem gegenwärtigen Gesetze nicht geschuldet wäre;

2. In den Fällen, in welchen nach dem 1. September 1904 bis zu dem Inkrafttreten dieses Gesetzes durch die Uebertragung von Anteilen an einem ungeteilten Nachlasse sich das Eigentum an einem Grundstücke in der Person

eines Miterben vereinigt hat, auf die Besitzveränderungsgebühr die Gebühr anzurechnen, welche für die Anteilsabtretung nach dem Art. 145 geschuldet ist.[1])

Die Staatsregierung wird ermächtigt, den Text des Gebührengesetzes in der Fassung der Bekanntmachung vom 11. November 1899, wie er sich aus den in dem gegenwärtigen Gesetze vorgesehenen und aus den durch die Gesetze vom 9. August 1902 das Nachlaßwesen betreffend (GVBl. S. 463 ff.) und vom 22. Dezember 1903 die Aenderung des Gesetzes über das Gebührenwesen betreffend (GVBl. S. 679) bewirkten Aenderungen ergibt, durch das Gesetz- und Verordnungsblatt bekannt zu machen und hiebei eine fortlaufende Numerierung der Artikel und die Richtigstellung der Verweisungen vorzunehmen.

Gegeben zu Linderhof, den 20. August 1906.

Luitpold,
Prinz von Bayern,
des Königreichs Bayern Verweser.

Dr. Graf v. Feilitzsch. v. Miltner. Dr. v. Wehner.
v. Frauendorfer. v. Pfaff. Frhr. v. Horn. Staatsrat
v. Bever.

Auf Allerhöchsten Befehl:
Der Regierungsrat
im K. Staatsministerium des Innern:
Knözinger.

---

[1]) Eine rückwirkende Kraft der Novelle war im Entwurf nicht in Aussicht genommen. Gegenüber verschiedenen Bestrebungen auf Einführung der Rückwirkung entspricht Abs. 1 einem Vermittlungsvorschlag der K. Staatsregierung.

Der Zeitpunkt. 1. Januar 1906, wurde für die Auseinandersetzungsverträge deshalb gewählt, weil man annahm, daß seit der Justizministerialentschließung vom 14. August 1904 (JMBl. S. 211), nach der der Abschluß von Erbanteilsübertragungen besonders empfohlen wurde, die Auseinandersetzungsverträge höchst selten geworden seien, es daher bezüglich der Auseinandersetzungsverträge genüge, wenn die Novelle als am 1. Januar 1906 in Kraft getreten angesehen werde, zumal auch das Oberste Landesgericht Ende November 1905 (Beschl. v. 20. November 1905, Sammlg. Bd. 6 S. 659; vgl. auch Beschl. v. 30. Dezember 1905, Sammlg. Bd. 6 S. 763) seine Rechtsprechung geändert und die Gebühren nur mehr aus dem halben Gesamtgut berechnet habe.

Bezüglich der Anteilsübertragungen ging man bei der Bestimmung des Zeitpunktes 1. September 1904 davon aus, daß solche Uebertragungen vor der bezeichneten Justizministerialentschließung, also vor dem 1. September 1904, sehr selten gewesen waren.

Bei Abschluß von Auseinandersetzungsverträgen hätten die Beteiligten nur die Auseinandersetzungsgebühren zu entrichten gehabt, während sie im Falle der Anteilsübertragung die Gebühr nach Art. 145 und die Besitzveränderungsgebühren schuldeten. Erstere Gebühr stelle deshalb eine Mehrleistung dar, die auf die Besitzveränderungsgebühren anzurechnen nur billig erscheine.

Die Anrechnung auf die Besitzveränderungsgebühren erfolgt in jedem Fall, sowohl wenn diese noch nicht erhoben als wenn sie schon bezahlt sind (Sten. Ber. d. K. d. Abg. V 949).

Bekanntmachung,

zum Vollzuge des Gesetzes vom 20. August 1906, die Aenderung des Gesetzes über das Gebührenwesen betr.

(JustMBl. 1907 Nr. II S. 11, FinMBl. 1907 Nr. 2 S. 43.)

K. Staatsministerien der Justiz und der Finanzen.

Zum Vollzuge des Gesetzes vom 20. August 1906, Aenderung des Gesetzes über das Gebührenwesen betreffend, (GVBl. S. 573) werden nachstehende Anleitungen und Vorschriften erteilt:

I. Gebühren für die Eintragungen in das Handelsregister.

1. Nach der nunmehrigen Fassung des Art. 55 des Gebührengesetzes bemißt sich die Gebührenberechnung für die Einträge in das Handelsregister regelmäßig nach der Gewerbsteuerveranlagung. Nur die Gebühr für die Eintragung einer Aktiengesellschaft, einer Kommanditgesellschaft auf Aktien oder einer Gesellschaft mit beschränkter Haftung, sowie die Gebühr für die Eintragung von Beschlüssen über die Erhöhung des Aktien-, Grund- oder Stammkapitals solcher Gesellschaften ist nach dem Betrage des Aktien-, Grund- oder Stammkapitals bzw. nach dem Betrage, um den das Aktien-, Grund- oder Stammkapital erhöht wird, zu berechnen, wobei jedoch für die Eintragung der Gesellschaft mindestens das Zweifache des Betrags anzusetzen ist, der für die Eintragung eines Einzelkaufmanns nach der Gewerbsteuerveranlagung geschuldet wäre.

2. Zur Erleichterung der Gebührenberechnung aus dem Betrage des Aktien-, Grund- oder Stammkapitals oder dem Betrage, um den dieses erhöht wird, dient die anruhende Tabelle I.

3. Der rechnungsführende Gerichtsschreiber des mit der Führung des Handelsregisters betrauten Gerichts hat die einschlägigen Rentämter um Aufschluß über die Gewerbsteuerveranlagung zu ersuchen. Zu diesem Zwecke teilt der Gerichtsschreiber den beteiligten Rentämtern am Schlusse eines jeden

Monats die Fälle, in denen während des Monats nach Art. 55 zu bewertende Eintragungen in das Handelsregister stattgefunden haben, mit. Die Mitteilung erfolgt mittels eines Verzeichnisses nach dem anruhenden Muster III.

Das Verzeichnis ist in zweifacher Ausfertigung zu übersenden. Die Rentämter tragen die endgültig oder provisorisch veranlagte Gewerbsteuer bzw. wenn eine Gewerbsteuer nicht zu entrichten ist (Art. 2, 22 des Gewerbsteuergesetzes), den Vermerk „steuerfrei“ in die Rubriken 6, 7 des Verzeichnisses ein und geben die eine Ausfertigung alsbald dem Gerichtsschreiber zurück. Der Gerichtsschreiber berechnet sodann die Gebühr und stellt sie im Gebührenregister zu Soll, gleichzeitig vermerkt er die Gebühr in den Rubriken 8 und 9 der ihm zurückgegebenen Ausfertigung des Verzeichnisses. Letztere ist bei der Abgabe des Gebührenregisters an das Rentamt zurückzubehalten und vom Gerichtsschreiber zu verwahren. Die andere Ausfertigung des Verzeichnisses verbleibt bei den Rentämtern und dient dort zur Festhaltung der Fälle, in denen sich wegen noch nicht eingetretener Rechtskraft der Einsteuerung (vgl. Art. 46, Art. 62 Abs. 3 des Gewerbsteuergesetzes) Aenderungen an der Steuerveranlagung ergeben können. Ergeben sich solche Aenderungen, so sind sie von den Rentämtern dem Gerichtsschreiber mitzuteilen. Sind infolge davon Gebührenbeträge nachzuholen, so hat der Gerichtsschreiber diese Beträge im Gebührenregister zu Soll zu stellen; ist eine Rückvergütung veranlaßt, so hat er um deren Vornahme das Rentamt, mit dem er über den Gebührenanfall abrechnet, zu ersuchen.

4. Ist das Gesellschaftskapital einer Aktiengesellschaft, einer Kommanditgesellschaft auf Aktien oder einer Gesellschaft mit beschränkter Haftung nicht voll eingezahlt, so ist der Gesellschaft nach Art. 55 Ziff. 3 auf Verlangen zu gestatten, von den Gebühren für die Eintragung der Gesellschaft oder für die Eintragung eines Beschlusses über die Erhöhung des Gesellschaftskapitals zunächst nur denjenigen Betrag zu bezahlen, welcher dem eingezahlten Kapital entspricht, und den Rest nach Maßgabe der erfolgenden Einzahlungen zu entrichten. Die in diesen Fällen auf Antrag zu gewährende Stundung erfolgt nicht durch den Gerichtsschreiber des Registergerichts, sondern durch das Rentamt, mit dem der Gerichtsschreiber über den Gebührenanfall abrechnet. Der Gerichtsschreiber hat daher in solchen Fällen die aus dem Gesamtbetrag des Gesellschaftskapitals bzw. der Erhöhung sich berechnende Gebühr unverkürzt zu Soll zu stellen und denjenigen Gebührenbetrag, welcher nach Maßgabe der Einzahlung jedenfalls geschuldet ist, einzufordern. Dieser Betrag ist unter Hervorhebung des Sachverhältnisses in der

Spalte Bemerkungen des Gebührenregisters zu vermerken; gleichzeitig ist dort auf das Stundungsgesuch hinzuweisen. Der nicht eingezahlte Betrag ist dem Rentamt als Rückstand zu überweisen. Das Rentamt gibt sodann der pflichtigen Gesellschaft bekannt, inwieweit dem Stundungsgesuche stattgegeben wird. Gestundete Gebührenbeträge, die bis zum Schluß des Rechnungsjahres, in dem sie gestundet wurden, nicht zur Einzahlung gelangen, sind im einschlägigen Libelle als Rückstände ruhend zu führen. Besteht jedoch Grund zu der Annahme, daß der Teil des Gesellschaftskapitals, auf den der Gebührenrückstand trifft, in absehbarer Zeit nicht eingefordert werden wird, so können derartige gestundete Gebührenbeträge im Libelle als Nachlässe abgeschrieben werden. In diesem Falle sind sie in ein Verzeichnis nach dem anliegenden Muster IV einzustellen, das zur Kontrolle, ob nicht Wiederzusollstellung im Nachholungsregister am Platze ist, alljährlich mit dem einschlägigen Libelle der Regierungsfinanzkammer in Vorlage zu bringen ist.

Zum Zwecke der rechtzeitigen Einhebung gestundeter Gebührenbeträge bei späteren Kapitalseinzahlungen haben die Regierungsfinanzkammern von allen Anzeigen, die ihnen nach Art. 150 Abs. 4 des Gebührengesetzes über nachträgliche Einzahlungen von Gesellschaftskapitalien gemacht werden, dem Rentamte, mit dem der Gerichtsschreiber des einschlägigen Registergerichts über den Gebührenanfall abrechnet, Mitteilung zu machen.

5. Für die Eintragung der Herabsetzung des Gesellschaftskapitals einer Aktiengesellschaft, einer Kommanditgesellschaft auf Aktien oder einer Gesellschaft mit beschränkter Haftung ist die Gebühr nach Art. 55 Ziff. 3 lit. c zu berechnen. Dies gilt auch dann, wenn eine Aktiengesellschaft ihr Gesellschaftskapital durch Zusammenlegung der Aktien vermindert und gleichzeitig erhöht. In solchen Fällen ist neben der Gebühr nach Art. 55 Ziff. 3 lit. c für die Eintragung der Kapitalsherabsetzung auch die Gebühr nach Art. 55 Ziff. 3 lit. b für die Eintragung der Kapitalserhöhung zu erheben.

6. Für die Eintragung einer Prokura sind nach Art. 55 Ziff. 4 die gleichen Sätze, wie für die erste Eintragung der Firma eines Einzelkaufmanns und für die Löschung einer Prokura die gleichen Sätze, wie für die Löschung der Firma eines Einzelkaufmanns zu erheben. Als Eintragung einer Prokura gilt auch die Eintragung einer abgeänderten Prokura (Gesamtprokura statt einer Einzelprokura oder umgekehrt). Beim Eintrag einer Gesamtprokura ist die Gebühr des Art. 55 Ziff. 4 nur einmal und nicht für jeden der bestellten Prokuristen besonders anzusetzen; dagegen ist die Gebühr, wenn für mehrere einzelne

Personen Einzelprokura eingetragen wird, für jeden der Prokuristen besonders zu berechnen.

7. Nach Art. 56 ist, wenn eine Eintragung sowohl in das Handelsregister der Hauptniederlassung als auch in das Handelsregister einer Zweigniederlassung eingetragen werden muß, der vorgeschriebene Gebührensatz für die Eintragung in ein jedes Register besonders zu erheben, nur gelangt im Falle der Ziff. 3a und b des Art. 55 für die Eintragung in das Handelsregister der Zweigniederlassung im Höchstfalle das Zweifache der Sätze zu 1a zur Erhebung. Diese letztere Einschränkung bezieht sich jedoch nur auf den Fall, daß es sich um eine Eintragung in das Handelsregister einer deutschen Hauptniederlassung handelt. Ist die Hauptniederlassung im Auslande, so wird für die Eintragung in das Handelsregister der bayerischen Zweigniederlassung der vorgeschriebene Gebührensatz voll erhoben.

8. Die nach den Art. 55, 56 zu erhebenden Gebühren umfassen die gesamte Tätigkeit des Gerichts, welche durch eine Eintragung veranlaßt wird; es sind daher insbesondere für die Bekanntmachung der Eintragungen nur die Auslagen, welche entstehen, nicht aber besondere Gebühren anzusetzen.

Die Entgegennahme von Einreichungen ist in den Fällen, in denen sich an die Einreichung eine Eintragung nicht anschließt, gebührenfrei. Gebührenfrei ist daher insbesondere die Einreichung der Beschlüsse der Generalversammlungen oder die Mitteilung eines Wechsels im Aufsichtsrate.

II. Gebühren für Gesellschaftsverträge und Generalversammlungsbeschlüsse.

1. Gesellschaftsverträge oder Beschlüsse, welche die Errichtung von Aktiengesellschaften oder Kommanditgesellschaften auf Aktien betreffen, sowie Verträge oder Beschlüsse, welche die Erhöhung des Aktien- oder Grundkapitals solcher Gesellschaften betreffen, unterliegen nach Art. 150 Abs. 1 der dort bestimmten Gebühr von ein und einhalb vom Hundert des Aktien- oder Grundkapitals oder der Erhöhung. Durch die nunmehrige Fassung des Art. 150 Abs. 1 ist zum Ausdruck gebracht, daß die Gebühr zu ein und einhalb vom Hundert auch bei der Fusion von Aktiengesellschaften oder Kommanditgesellschaften auf Aktien, sowie bei ähnlichen Rechtsvorgängen, die nicht auf einem Gesellschaftsvertrage, sondern auf einem Generalversammlungsbeschlusse beruhen (z. B. bei der Umwandlung einer Kommanditgesellschaft auf Aktien in eine Aktiengesellschaft, § 332 des HGB.), geschuldet ist. Aus der nunmehrigen Fassung des Art. 150 Abs. 1 ergibt sich des weiteren, daß in den Fällen, in denen eine Aktiengesell-

schaft oder eine Kommanditgesellschaft auf Aktien ihr Aktienkapital durch Zusammenlegung der Aktien vermindert und gleichzeitig erhöht, die Gebühr für die Erhöhung aus dem neu aufzubringenden Betrag auch dann anzusetzen ist, wenn der Gesamtbetrag des Aktienkapitals nach der Erhöhung hinter dem ursprünglichen Aktienkapital zurückbleibt.

2. Gesellschaftsverträge, welche die Errichtung von Gesellschaften mit beschränkter Haftung betreffen, sowie Verträge oder Beschlüsse, welche die Erhöhung des Stammkapitals solcher Gesellschaften betreffen, waren bisher, abgesehen von etwaigen vertragsmäßigen Abmachungen über Grundstücke, mit der allgemeinen Vertragsgebühr des Art. 145 zu bewerten. Nach dem nunmehrigen Art. 150 Abs. 2 wird, wenn das Stammkapital bei der Errichtung der Gesellschaft oder nach der Erhöhung nicht mehr als 100000 Mk. beträgt, eine Gebühr von 5 vom Tausend aus dem Stammkapital oder der Erhöhung, falls es bei der Errichtung oder nach der Erhöhung mehr als 100000 Mk. beträgt, eine Gebühr von 1 vom Hundert aus dem Stammkapital oder der Erhöhung erhoben und zwar sind, wenn z. B. das Stammkapital einer neuerrichteten Gesellschaft mit beschränkter Haftung 200000 Mk. beträgt, für den Gesellschaftsvertrag 2000 Mark aus dem ganzen Stammkapital von 200000 Mk. und nicht etwa 500 Mk. aus den ersten 100000 Mk. und 1000 Mk. aus den zweiten 100000 Mk. geschuldet.

3. Die nunmehrigen Absätze 3 bis 5 des Art. 150 entsprechen sachlich den Vorschriften in den seitherigen Absätzen 2 bis 5 dieses Artikels jedoch mit der Maßgabe, daß diese seither lediglich für Aktiengesellschaften und Kommanditgesellschaften auf Aktien getroffenen Vorschriften nunmehr auch auf Gesellschaften mit beschränkter Haftung ausgedehnt sind. Durch die nunmehrige Fassung des Art. 150 Abs. 5 ist ferner außer Zweifel gestellt, daß neben den im Art. 150 Abs. 1, 2 bestimmten Gebühren die Gebühr des Art. 146 besonders zu erheben ist, wenn ein in Bayern gelegenes Grundstück oder den Grundstücken gleichstehendes Recht eingebracht wird, wogegen die Gebühr des Art. 145 zum Ansatz zu kommen hat, wenn das Einbringen in anderen Wertgegenständen, z. B. in beweglichen Sachen, Forderungen, Patent-, Lizenz-, Musterschutz-, Autoren- 2c. Rechten oder außerbayerischen Grundstücken, besteht.

4. Sind Verträge oder Beschlüsse der im Art. 150 bezeichneten Art oder Verträge, welche die Errichtung einer Kommanditgesellschaft oder die Erhöhung der Einlage eines Kommanditisten betreffen, nicht von einem bayerischen Notar beurkundet und sind daher die im Art. 150 bestimmten Gebühren bzw. bei

der Errichtung einer Kommanditgesellschaft oder der Erhöhung der Einlage eines Kommanditisten die Gebühr des Art. 145 nicht schon bei der notariellen Beurkundung erhoben, so sind diese Gebühren nach Art. 60 Abs. 1 bis 3 bei der Eintragung in das Handelsregister des Gerichts, in dessen Bezirke die Gesellschaft ihren Sitz hat, neben der Gebühr des Art. 55 zur Erhebung zu bringen. Diese Vorschriften finden nach Art. 60 Abs. 4 entsprechende Anwendung, wenn eine außerhalb Bayerns gegründete Aktiengesellschaft, Kommanditgesellschaft auf Aktien, Gesellschaft mit beschränkter Haftung oder Kommanditgesellschaft ihren Sitz nach Bayern verlegt oder in Bayern eine Zweigniederlassung errichtet, bei welcher der Hauptgeschäftsbetrieb im Verhältnisse zu dem Umfange des Geschäftsbetriebs bei den übrigen Niederlassungen stattfindet, oder wenn bei einer Gesellschaft der bezeichneten Art, die in Bayern eine Zweigniederlassung errichtet hat, bei welcher der Hauptgeschäftsbetrieb stattfindet, nach der Errichtung der Zweigniederlassung das Aktien-, Grund- oder Stammkapital oder die Einlage eines Kommanditisten erhöht wird.

Wird für ein Grundstück, das in eine Aktiengesellschaft, Kommanditgesellschaft auf Aktien oder Gesellschaft mit beschränkter Haftung eingebracht wird, auf Grund des Art. 60 Abs. 1 bis 3 mit Art. 150 Abs. 4 die Gebühr des Art. 146 erhoben, so wird, wie auch der Wortlaut der Art. 118 und 147 ergibt, wenn hernach die Auflassung an die Gesellschaft erfolgt, selbstverständlich nicht noch einmal die Auflassungsgebühr erhoben. Umgekehrt wird, wenn vor der Eintragung in das Handelsregister die Auflassung stattgefunden hat und deshalb auf Grund des Art. 118 oder des Art. 147 die Gebühr des Art. 146 erhoben worden ist, diese Gebühr, wenn hernach die Eintragung in das Handelsregister erfolgt, nicht auf Grund des Art. 60 mit Art. 150 Abs. 4 noch einmal erhoben.

III. Gebühren für Vormundschaften und Pflegschaften.

1. Nach bisherigem Rechte war für Vormundschaften eine einmalige Gebühr von zwei Zehnteilen der Sätze des § 8 des Reichs-Gerichtskostengesetzes aus dem Vermögen des Mündels und außerdem eine jährliche Verwaltungsgebühr in gleicher Höhe von den Einkünften des Mündelvermögens zu erheben. Nach den nunmehrigen Art. 83, 84 wird sowohl die einmalige Gebühr als auch die jährliche Gebühr aus dem Mündelvermögen erhoben. Die einmalige Gebühr beträgt nach Art. 83 bei einem Mündelvermögen bis zu 6000 Mk. auf je 300 Mk., von da an auf je 400 Mk. eine Mark; die jährliche Gebühr beträgt nach

Art. 84 bei einem Mündelvermögen bis zu 6000 Mk. auf je 300 Mk., von da an auf je 400 Mk. zehn Pfennig.

Zur Erleichterung der Gebührenberechnung ist die anliegende Tabelle II beigefügt.

Maßgebend für die Berechnung der Gebühren nach Art. 83, 84 ist stets das reine Mündelvermögen nach Abzug der Schulden; dabei begründet es keinen Unterschied, ob es sich um freies oder gebundenes Vermögen (Fideikommißvermögen) handelt (Entsch. d. ObLG. in ZS. Bd. 4 neue Folge S. 466). Die Gebühren nach Art. 83, 84 sind gemäß Art. 86 für jeden Mündel gesondert zu berechnen; sie bleiben außer Ansatz, wenn das Vermögen des Mündels weniger als 1000 Mk. beträgt. Bei der Berechnung der Gebühr des Art. 84 wird das angefangene Kalenderjahr beim Beginn der Vormundschaft voll gerechnet, am Schlusse der Vormundschaft dagegen nicht berücksichtigt (Art. 84 Abs. 1 Satz 2); die seitherige Berechnung dieser Gebühr für einzelne Monate findet sonach nicht mehr statt.

Die Gebühr des Art. 84 kommt auch dann zur Erhebung, wenn die Verwaltung und Nutznießung des Vermögens des Mündels einem Dritten zusteht (z. B. wenn der weibliche Mündel heiratet und an seinem Vermögen der Ehemann die Verwaltung und Nutznießung hat). Dagegen ist die Gebühr des Art. 84 nicht in Ansatz zu bringen, wenn dem Mündel an dem Vermögen eines anderen Nutznießung und Verwaltung zusteht (z. B. wenn der Ehemann, der im gesetzlichen Güterstande lebt und an dem Vermögen der Frau Nutznießung und Verwaltung hat, entmündigt und deshalb unter Vormundschaft gestellt wird). Pensionen und ähnliche Bezüge eines Mündels sind bei der Berechnung der Gebühr des Art. 84 außer Betracht zu lassen.

2. Nach Art. 89 Abs. 1 ist für die zur Besorgung einer einzelnen Angelegenheit bestellten Pflegschaften oder Beistandschaften wie bisher aus dem reinen Werte des Gegenstandes ein Zehnteil der Sätze des § 8 des Reichs-Gerichtskostengesetzes zu erheben; dagegen ist die bisherige Bestimmung, daß die Gebühr nicht mehr als 20 Mk. betragen darf, in Wegfall gekommen. Während ferner seither die Gebühr des Art. 89 Abs. 1 nur zu erheben war, wenn der Wert des Gegenstandes über 1000 Mk. betrug, entscheidet für die Erhebung der Gebühr nunmehr der Umstand, ob das Vermögen des Pfleglings oder Kindes, also nicht bloß der Wert des Gegenstandes, wegen dessen die Pflegschaft oder Beistandschaft bestellt ist, weniger als 1000 Mk. beträgt oder nicht (Art. 89 Abs. 4). Als „bestellt" gilt eine Pflegschaft oder Beistandschaft nicht schon dann, wenn sie vom

Richter angeordnet, sondern erst dann, wenn der Pfleger oder Beistand bestellt ist.

3. Die im Art. 89 Abs. 1 bestimmte Gebühr kommt nach Art. 89 Abs. 2 auch zur Erhebung für die Fürsorge, welche das Vormundschaftsgericht in anderer Weise als durch Bestellung eines Pflegers oder Beistandes für ein unter elterlicher Gewalt stehendes Kind zu entfalten hat. Die Aufzählung der im Art. 89 Abs. 2 aufgeführten Fälle ist, wie sich aus dem Worte „insbesondere" ergibt, keine erschöpfende; unter den Art. 89 Abs. 2 fällt außer den dort erwähnten Fürsorgetätigkeiten des Vormundschaftsgerichts insbesondere auch die Entgegennahme des Vermögensverzeichnisses im Falle des § 1760 Abs. 1 des BGB. Die Einreichung des nunmehr im Art. 89 Abs. 2 ausdrücklich erwähnten Vermögensverzeichnisses nach § 1640 des BGB. erfolgt vielfach auch in der Weise, daß im Anschlusse an die Erbenermittelung zum Protokoll des Nachlaßrichters das Vermögen des Kindes durch Verhandlung mit den Beteiligten festgestellt wird, so daß sich in den Vormundschaftsakten selbst lediglich der Hinweis auf diese Verhandlungen und der Prüfungsvermerk des Vormundschaftsrichters befindet; auch in solchen Fällen ist selbstverständlich nach Art. 89 Abs. 2 die dort erwähnte Gebühr geschuldet. Betrifft die vom Vormundschaftsgericht entfaltete Fürsorgetätigkeit nichtvermögensrechtliche Gegenstände, so hat bei der Bestimmung des Wertes des Gegenstandes der § 10 des Reichs-Gerichtskostengesetzes entsprechende Anwendung zu finden (Art. 39 des GebG.). Bei dem Antrage auf Erteilung der Genehmigung zu einem Rechtsgeschäft sowie bei Anträgen auf Erlaß einer Verfügung nach den im Art. 89 Abs. 2 angeführten Bestimmungen des BGB. ist auch der ablehnende Bescheid des Vormundschaftsgerichts mit der Gebühr des Art. 89 zu belegen, vorausgesetzt, daß in der Tat ein wirklicher Antrag auf Erteilung einer solchen Genehmigung oder auf Erlaß einer solchen Verfügung gestellt worden ist. Ob dies der Fall ist oder nicht, wird regelmäßig nicht zweifelhaft sein; ob z. B. zu einem Erbverzicht (§ 2347 des BGB.) die Genehmigung zu erteilen oder zu versagen ist, hat zur Voraussetzung, daß der Vater beim Vormundschaftsgericht den Antrag auf Genehmigung stellt. Zweifel können sich nur in den Fällen der §§ 1635 bis 1637 des BGB. ergeben. Hier ist die Gebühr des Art. 89 nicht geschuldet, wenn es sich nur um eine Anregung handelt, wenn also das Gericht von sich aus, wenn auch auf Anregung eines Dritten tätig wird, sich aber schließlich dahin entscheidet, daß eine Verfügung nicht zu treffen ist.

4. Ist das Vormundschaftsgericht in den Fällen des Art. 89 Abs. 1, 2 für einen Pflegling oder ein Kind früher schon tätig

geworden, so darf nach Art. 89 Abs. 5 der Gesamtbetrag der nach Art. 89 Abs. 1, 2 zu erhebenden Gebühren den Betrag nicht übersteigen, der nach Art. 83 im Falle einer Vormundschaft zu erheben wäre. Es sind somit in solchen Fällen der nach Art. 89 Abs. 1, 2 an sich zu erhebenden Gebühr die sämtlichen von dem treffenden Pflegling oder Kind auf Grund des Art. 89 Abs. 1 oder Abs. 2 früher schon erhobenen Gebühren hinzuzurechnen und zwar auch diejenigen, die bei einem anderen bayerischen Vormundschaftsgericht erhoben worden sind. Alsdann hat eine Vergleichung des Gesamtbetrags der nach Art. 89 Abs. 1, 2 geschuldeten Gebühren mit der Gebühr zu erfolgen, die, wenn eine Vormundschaft angeordnet wäre, gemäß Art. 83 aus dem ganzen Vermögen des Pfleglings oder Kindes zu erheben sein würde. Ob für den Pflegling oder das Kind früher schon ein Vormundschaftsgericht tätig geworden ist, wird zufolge der im § 68 der Vormundschaftsordnung (JMBl. 1900 S. 181 u. ff.) getroffenen Anordnungen regelmäßig aus den Vormundschaftsakten oder aus dem Register der Angelegenheiten der freiwilligen Gerichtsbarkeit (JMBl. 1900 S. 89) ersichtlich sein. Ist hieraus über eine frühere Tätigkeit des Vormundschaftsgerichts nichts zu entnehmen, so obliegt es der Partei, wenn sie auf Grund des Art. 89 Abs. 5 eine Befreiung oder Ermäßigung beansprucht, die Voraussetzung hierfür darzulegen.

5. Nach dem bisherigen Art. 90 waren Pflegschaften oder Beistandschaften, die sich nur auf die Sorge für die Person bezogen, gebührenfrei. Diese Befreiung findet nach dem nunmehrigen Art. 90 nicht mehr statt. Bezieht sich vielmehr eine Pflegschaft oder Beistandschaft ausschließlich auf nichtvermögensrechtliche Angelegenheiten, so ist die Wertsumme, welche der Gebührenbewertung zugrunde zu legen ist, in entsprechender Anwendung des § 10 des Reichs-Gerichtskostengesetzes festzusetzen (Art. 90 Abs. 1 Satz 2). Bezieht sie sich auf vermögensrechtliche Angelegenheiten und zugleich auch auf die Sorge für die Person, so wird die Gebühr nur aus dem Werte des Vermögens berechnet.

6. Nach Art. 91 Abs. 2 war seither auch für die im § 1640 Abs. 2 des BGB. vorgesehene Anordnung, daß das vom überlebenden Ehegatten einzureichende Verzeichnis des Vermögens des Kindes amtlich aufgenommen wird, die im Art. 91 Abs. 1 bestimmte Gebühr zu erheben. Die erwähnte Anordnung ist nach der nunmehrigen Fassung des Art. 91 Abs. 2 gebührenfrei. Nach Art. 91 Abs. 3 kommen ferner die Gebühren des Art. 91 Abs. 1, 2 künftighin nicht zur Erhebung, wenn das Vermögen des Gebührenpflichtigen weniger als 1000 Mk. beträgt.

7. Nach Art. 92 Ziff. 1 wird nunmehr eine Gebühr von 20 Pfennig erhoben, wenn eine mit einer Anleitung versehene Bestallung ausgehändigt wird und das Vermögen des Mündels, Pfleglings oder Kindes mehr als 1000 Mk. beträgt. Im übrigen bewendet es bei der Vorschrift, daß die Bestallung gebührenfrei ist (Art. 92 Ziff. 1).

8. Die nunmehrigen Vorschriften über die Gebühren in Vormundschaftssachen finden von dem Inkrafttreten des Gesetzes vom 20. August 1906, d. i. vom 1. September 1906 an, auf die in diesem Zeitpunkt anhängigen Vormundschaften, Pflegschaften und Beistandschaften Anwendung; die Gebühr des Art. 84 ist jedoch bis zum 31. Dezember 1906 noch nach den bisherigen Sätzen zu berechnen. Hieraus folgt, daß auch bei einer am 1. September 1906 bereits anhängigen Vormundschaft, Pflegschaft oder Beistandschaft, wenn sie nach dem 31. Dezember 1906 endigt, das angefangene Kalenderjahr am Schlusse der Vormundschaft, Pflegschaft oder Beistandschaft für die Gebühr des Art. 84 außer Betracht bleibt. Die Vorschrift des Art. 89 Abs. 5 findet von dem Inkrafttreten des Gesetzes vom 20. August 1906 an auch insoweit Anwendung, als die frühere Tätigkeit des Vormundschaftsgerichts vor diesem Zeitpunkt gelegen ist (Art. III des Gesetzes vom 20. August 1906).

IV. Gebühren für Auseinandersetzungen und Anteilsabtretungen.

1. Die Auseinandersetzung in Ansehung eines Nachlasses oder des Gesamtguts einer ehelichen oder fortgesetzten Gütergemeinschaft kann durch Vermittelung des Gerichts oder Notars in den Formen der §§ 89 u. ff. des Gesetzes über die Angelegenheiten der freiwilligen Gerichtsbarkeit erfolgen. In diesem Falle werden für die Vermittelung der Auseinandersetzung die in den Art. 94, 95 bzw. im Art. 165 in der Fassung des Gesetzes vom 9. August 1902, das Nachlaßwesen betreffend, bestimmten Gebühren erhoben. Die Berechnung dieser Gebühren erfolgt aus dem Werte des ganzen Nachlasses bzw. aus dem Werte des ganzen Gesamtguts nach Abzug der Schulden, wird jedoch die Auseinandersetzung des Gesamtguts einer Gütergemeinschaft mit der Teilung des Nachlasses des verstorbenen Ehegatten verbunden, so wird für die Berechnung der Gebühr nach Art. 95 der Wert des Gesamtguts der Gütergemeinschaft nur zu dem Bruchteil in Ansatz gebracht, welcher den Anteil des überlebenden Ehegatten bildet. Hat die Vermittelung der Auseinandersetzung Grundstücke zum Gegenstande, so bedarf es zum Uebergange des Eigentums an den Grundstücken, wenn das Grundbuch noch nicht angelegt ist, noch einer notariellen Urkunde in Ansehung der Grundstücke (Art. 14 des NotG. vom 10. Novbr.

1861, Art. 219 des AG. z. ZPO.). Ist das Grundbuch angelegt, so bedarf es noch der Auflassung. Im Falle der Vermittelung der Auseinandersetzung durch das Gericht oder den Notar ist daher von den Beteiligten neben den Gebühren nach Art. 94, 95, 165, wenn das Grundbuch noch nicht angelegt ist, für die notarielle Urkunde die Gebühr des Art. 113 des Gebührengesetzes in der Fassung vom Jahre 1892 (zu vgl. Art. 311 des GebG. in der Fassung vom 11. November 1899) und wenn das Grundbuch als angelegt anzusehen ist, für die Auflassung die Gebühr nach Art. 118, 147 des Gebührengesetzes in der Fassung vom 11. November 1899 zu entrichten.

2. Die Auseinandersetzung in Ansehung eines Nachlasses oder in Ansehung des Gesamtguts einer ehelichen Gütergemeinschaft oder einer fortgesetzten Gütergemeinschaft kann auch mittels notariellen Auseinandersetzungsvertrags erfolgen. In diesem Falle gelangen die im Art. 146a bestimmten Gebühren zur Erhebung. Der Art. 146a unterscheidet zwischen Verträgen über die Auseinandersetzung in Ansehung eines Nachlasses und Verträgen über die Auseinandersetzung in Ansehung des Gesamtguts einer Gütergemeinschaft und bestimmt im Abs. 1 bezüglich der Verträge über die Auseinandersetzung in Ansehung eines Nachlasses, daß für diese Verträge, soweit sie bewegliche Sachen oder diesen gleichstehende Rechte zum Gegenstande haben, die Gebühr des Art. 145, soweit sie aber Grundstücke oder diesen gleichstehende Rechte zum Gegenstande haben, die Gebühr des Art. 146 Abs. 1 Ziff. 1 zu erheben ist. Der Wortlaut des Art. 146a Abs. 1 läßt darüber keinen Zweifel, daß die Gebühr aus dem Werte des ganzen Nachlasses oder, wenn die Auseinandersetzung sich nur auf einen Teil des Nachlasses bezieht, aus dem Werte des ganzen, den Gegenstand der Auseinandersetzung bildenden Teils des Nachlasses zu berechnen ist. Auf den Inhalt des Auseinandersetzungsvertrags, d. h. darauf, in welcher Weise inhaltlich des Vertrags über den Nachlaß verfügt wird, kommt nichts an. Maßgebend für die Wertsberechnung ist der Zeitpunkt des Vertragsabschlusses. Die Schulden werden nicht abgezogen (Art. 188).

Die Verträge über die Auseinandersetzung in Ansehung des Gesamtguts einer Gütergemeinschaft sind nach Art. 146a Abs. 2 mit den gleichen Gebühren, wie die Verträge über die Auseinandersetzung in Ansehung eines Nachlasses zu bewerten, es ist mithin, soweit solche Verträge bewegliche Sachen oder diesen gleichstehende Rechte zum Gegenstande haben, die Gebühr des Art. 145, soweit sie Grundstücke oder diesen gleichstehende Rechte zum Gegenstande haben, die Gebühr des Art. 146 Abs. 1 Ziff. 1 zu erheben. Die Gebührenbewertung findet jedoch hier stets nur aus dem halben Werte des Gesamtguts bzw. wenn sich die Auseinandersetzung nur auf einen Teil des Gesamtguts bezieht, aus dem halben Werte des treffenden Teiles des Gesamtguts statt. Besteht z. B. das eheliche Gesamtgut aus einem Anwesen im Werte von 50000 Mk. und aus beweglichen Sachen zu 10000 Mk., so ist, wenn der Auseinandersetzungsvertrag sich auf das ganze Gesamtgut bezieht, eine Gebühr zu 1 vom Hundert aus 25000 Mk. und eine Gebühr zu 3 vom Tausend aus 5000 Mk., wenn sich dagegen der Auseinandersetzungsvertrag nur auf das Anwesen bezieht, eine Gebühr zu 1 vom Hundert aus 25000 Mk. zu erheben. Gleichgültig ist dabei, in welcher Weise inhaltlich des Vertrags über die zum Gesamtgut gehörigen Gegenstände verfügt wird. Die Gebührenbewertung aus dem halben Werte des Gesamtguts findet daher insbesondere auch dann statt, wenn die zum Gesamtgut gehörigen Gegenstände bei der Auseinandersetzung vom überlebenden Ehegatten übernommen werden und dieser am Gesamtgut nicht einen Hälfteanteil, sondern einen in anderer Weise bemessenen Anteil hat (z. B. Mainzer oder Hohenloher Landrecht) oder wenn die zum Gesamtgut einer fortgesetzten Gütergemeinschaft gehörigen Gegenstände bei der Auseinandersetzung nicht vom überlebenden Ehegatten, sondern von einem Abkömmling übernommen werden, der keinen Hälfteanteil, sondern nur einen geringeren Anteil am Gesamtgut hat. Auch begründet es keinen Unterschied, aus welchem Grunde die Gütergemeinschaft aufgelöst und die Auseinandersetzung vorgenommen wird (z. B. Ehescheidung, Tod).

Wird die Auseinandersetzung in Ansehung des Gesamtguts mit der Teilung des Nachlasses des verstorbenen Ehegatten verbunden, so bleibt nach Art. 146a Abs. 3 bei der Berechnung des Wertes des Nachlasses der Anteil des verstorbenen Ehegatten am Gesamtgut außer Ansatz.

Beispiel: Die Ehegatten A und B leben in Errungenschaftsgemeinschaft. Das Gesamtgut besteht aus einem Haus im Werte von 10000 Mk.[1]); das eingebrachte Gut des Mannes A beträgt 50000 Mk., bestehend aus einem Bauplatz zu 20000 Mk. und 30000 Mk. Bargeld. A stirbt am 15. September 1906 und hinterläßt außer dem Ehegatten B zwei Kinder C und D; es findet gesetzliche Erbfolge statt. Im Vertrage vom 1. Oktober 1906 wird folgendes vereinbart: Der Bauplatz wird an E (einen Fremden) um 20000 Mk. verkauft und ihm sofort aufgelassen. D übernimmt das Haus und zahlt an B 75000 Mk., an C 37500 Mk. (entsprechend den nach gesetzlichem Erbrecht auf

[1]) Lies 100000 Mk. (JMBl. 1907 Nr. II S. 25.)

B, C und D treffenden Werten). Hier sind an Gebühren zu erheben: für den Verkauf des Bauplatzes an E 2 vom Hundert aus 20 000 Mk. = 400 Mk., ferner für die Teilung des Gesamtguts 1 vom Hundert aus 50 000 Mk. = 500 Mk. und für die Teilung des Nachlasses 3 vom Tausend aus 50 000 Mk. = 150 Mk.

Sind die Erben nicht Ehegatten oder Verwandte oder Stiefverwandte in absteigender Linie, so haben sie nach Art. 249, 250 für den erbweisen Uebergang der zum Nachlaß gehörigen Grundstücke oder den Grundstücken gleichstehenden Rechte auf sie die Besitzveränderungsgebühr zu 1 vom Hundert zu entrichten. Die in diesen Fällen gezahlten Besitzveränderungsgebühren sind auf die Gebühr für den späteren notariellen Auseinandersetzungsvertrag anzurechnen, wenn inhaltlich dieses Vertrags die Erbengemeinschaft zur gesamten Hand in eine Gemeinschaft nach Bruchteilen nach Maßgabe der Erbteile umgewandelt wird (Art. 146 b). Im übrigen findet eine Anrechnung von Besitzveränderungsgebühren auf die Gebühren für einen nachfolgenden Erbteilungs- oder Nachlaßauseinandersetzungsvertrag nicht statt. Die erfolgte Entrichtung der Besitzveränderungsgebühren ist in den Fällen, in denen die Anrechnung nach Art. 146 b zulässig ist, dem Notar durch Vorlage der rentamtlichen Quittungen nachzuweisen. Wird der Nachweis erbracht, ehe die Gebührenabrechnung mit dem Rentamte stattgefunden hat, so hat der Notar, eventuell unter entsprechender Sollberichtigung im Gebührenregister, für den Auseinandersetzungsvertrag von den Beteiligten nur jenen Gebührenbetrag einzuheben, der ihnen nach Anrechnung der gezahlten Besitzveränderungsgebühren etwa noch zur Last fällt; in der Bemerkungsrubrik des Gebührenregisters ist das Sachverhältnis, insbesondere die Erbringung des Nachweises, zu konstatieren. Wird der Nachweis erst erbracht, nachdem die Gebührenabrechnung mit dem Rentamte stattgefunden hat, so hat der Notar um die Sollberichtigung und eventuell die Rückvergütung das Rentamt zu ersuchen (§ 68 Abs. 2, 3 der Instruktionen vom 25. Dezember 1899 zum Vollzuge des Reichs-Gerichtskostengesetzes und des Gebührengesetzes).

3. Nach § 2033 Abs. 1 des BGB. kann der Erbe seinen Anteil am Nachlasse einem Miterben oder einem Dritten übertragen; nach § 1491 des BGB. ist es zulässig, daß bei der fortgesetzten Gütergemeinschaft ein anteilsberechtigter Abkömmling auf seinen Anteil am Gesamtgut (entgeltlich oder unentgeltlich) verzichtet.

Verträge, durch welche ein Miterbe seinen Anteil am Nachlasse einem Miterben oder einem Dritten überträgt oder durch welche ein anteilsberechtigter Abkömmling auf seinen Anteil am Gesamtgut der fortgesetzten Gütergemeinschaft verzichtet, sind nach Art. 146c mit der Gebühr des Art. 145 zu bewerten; die Gebühr des Art. 145 wird dabei aus dem reinen Werte des Anteils nach Abzug der Schulden berechnet. Für die Erhebung der Gebühr des Art. 145 ist es ohne Belang, ob zum Nachlaß oder zum Gesamtgut Grundstücke oder diesen gleichstehende Rechte gehören oder nicht. Wenn jedoch der Erwerber des Anteils infolge der Uebertragung oder des Verzichts sämtliche Anteile in sich vereinigt, so wird, sofern zum Nachlaß oder Gesamtgut ein Grundstück gehört, nach Art. 146c neben der aus dem reinen Werte des Anteils zu berechnenden Gebühr des Art. 145 überdies eine Gebühr von 1 vom Hundert erhoben, die bei der Uebertragung eines Anteils an einem Nachlaß aus dem ganzen Werte des Grundstücks, beim Verzicht auf einen Anteil am Gesamtgut einer fortgesetzten Gütergemeinschaft aus dem halben Werte des Grundstücks, in beiden Fällen aber ohne Abzug der Schulden zu berechnen ist. Die Gebühr zu 1 vom Hundert wird nach Art. 118 Abs. 3, 4 (zu vgl. auch Art. V des Gesetzes vom 20. August 1906) bei der Berichtigung des Grundbuchs bzw. bei der Umschreibung im Hypothekenbuche erhoben, wenn der Vertrag über die Anteilsabtretung oder der Verzicht auf den Anteil des Abkömmlings an der fortgesetzten Gütergemeinschaft nicht von einem bayerischen Notare beurkundet ist oder wenn der beurkundende bayerische Notar diese Gebühr aus Unkenntnis des Umstandes, daß durch den Vertrag die Konsolidation eintritt, oder aus einem sonstigen Grunde außer Ansatz gelassen hat.

Der Verzicht eines anteilsberechtigten Abkömmlings auf den Anteil an der fortgesetzten Gütergemeinschaft kann auch durch einseitige Erklärung gegenüber dem Nachlaßgericht erfolgen. Nach dem Art. 104 Abs. 3 wird in diesem Falle die gleiche Gebühr erhoben, die nach dem Art. 146c zu erheben sein würde, wenn der Verzicht durch Vertrag erfolgt wäre. Für den Verzicht ist also die Gebühr des Art. 145 aus dem Werte des Anteils, auf den verzichtet wird, zu erheben. Der Wert ist unter Abzug der Gesamtgutsschulden zu berechnen. Die Gebühr des Art. 145 ist auch dann zu erheben, wenn Grundstücke zum Gesamtgut gehören. Tritt jedoch infolge des Verzichts die Konsolidation des ganzen Gesamtguts in der Hand des überlebenden Ehegatten ein, so ist neben der für den Verzicht geschuldeten Gebühr des Art. 145 noch aus dem halben Werte der zum Gesamtgut gehörenden Grundstücke eine Gebühr von 1 vom Hundert zu erheben; bei der Berechnung des Wertes der Grundstücke dürfen die Schulden nicht abgezogen werden. Die nach Art. 104 zu erhebende Gebühr kommt beim Nachlaßgericht in Ansatz. Sollte indessen der Verzicht vor einem nichtbayerischen Nachlaßgericht erklärt worden sein oder das bayerische Gericht aus Unkenntnis des Eintritts der Konsolidation oder einem sonstigen Grunde die Gebühr des Art. 104 Abs. 3 zu erheben unterlassen haben, so ist sie nach Art. 118 Abs. 3, 4 bei der Berichtigung des Grundbuchs oder der Umschreibung im Hypothekenbuche (Art. V des Gesetzes vom 20. August 1906) zu erheben.

4. In den Verträgen, durch die der überlebende Elternteil die Anteile der Kinder am Nachlaß des verstorbenen Elternteils gegen Auszeigung eines bestimmten Geldbetrags (des sogenannten Vater- oder Mutterguts) übernimmt, wird in der Regel auch seitens des übernehmenden Elternteils Hypothek zur Sicherung des Anspruchs der Kinder bestellt. Für solche Hypothekbestellungen sowie auch für Hypothekbestellungen zugunsten anderer, in Auseinandersetzungsverträgen bedungener Gegenleistungen ist im Hinblick auf Art. 183 Abs. 2 eine besondere Gebühr (Hypothekbestellungsgebühr) nicht zu erheben (zu vgl. Entscheidung des Obersten Landesgerichts vom 13. Februar 1905, Entsch. Bd. 6 neue Folge S. 100).

V. Besitzveränderungsgebühren.

1. Geht das Eigentum an einem Grundstück oder ein den Grundstücken gleichstehendes Recht auf mehrere Personen gemeinschaftlich über, so ist die Besitzveränderungsgebühr nach Art. 250 Abs. 2 Satz 1 nach den Anteilsrechten der einzelnen Personen gesondert zu berechnen. Durch die nunmehrige Fassung dieser Bestimmung ist der seitherige Zwischensatz „welche verschiedene Prozentsätze schulden" in Wegfall gekommen. Aus der Vorschrift, daß bei dem gemeinschaftlichen Uebergange des Eigentums an einem Grundstücke oder eines den Grundstücken gleichstehenden Rechts auf mehrere Personen die Besitzveränderungsgebühr nach den Anteilsrechten der einzelnen Personen gesondert zu berechnen ist, ergibt sich jedoch von selbst, daß von den einzelnen Personen die Besitzveränderungsgebühr zu dem Prozentsatze zur Erhebung zu gelangen hat, zu dem sie von ihnen nach Maßgabe des Verwandtschaftsverhältnisses oder der Höhe der Gegenstandssumme geschuldet wird. Sind einzelne der beteiligten mehreren Personen von der Besitzveränderungsgebühr befreit (Art. 250 Abs. 3), so ist von diesen eine Besitzveränderungsgebühr selbstverständlich nicht zu erheben.

2. Nach Art. 250 Abs. 2 Satz 2 gilt die Erbengemeinschaft für die Besitzveränderungsgebühr als Gemeinschaft nach Bruchteilen, d. h. die Anteile der einzelnen Miterben sind für die Besitzveränderungsgebührenerhebung als Bruchteilsanteile am

Nachlaßvermögen anzusehen. Hierdurch ist die seitherige Zweifelsfrage, ob die Besitzveränderungsgebühr auch beim Uebergang des Eigentums an einem Grundstücke oder eines den Grundstücken gleichstehenden Rechts auf eine Erbengemeinschaft zu erheben sei, im bejahenden Sinne entschieden. Der Umstand, daß die Anteile der einzelnen Miterben für die Besitzveränderungsgebühr als Bruchteilsanteile anzusehen sind, ist aber auch für die Erhebung der Besitzveränderungsgebühr in solchen Fällen von Bedeutung, in denen einer der mehreren, in Erbengemeinschaft befindlichen Miterben stirbt und infolge davon an Stelle dieses Miterben dessen Erben in die Erbengemeinschaft eintreten. Stirbt z. B. A und wird er von seinen beiden Brüdern B und C zu gleichen Teilen beerbt, so hat jeder der beiden Brüder B und C aus der Hälfte des Wertes der zum Nachlasse gehörigen Grundstücke die Besitzveränderungsgebühr zu entrichten. Stirbt sodann der B und wird er von seinem Bruder C beerbt, so ist von C, in dessen Hand sich das Alleineigentum an den Nachlaßgrundstücken vereinigt, die Besitzveränderungsgebühr nicht aus dem ganzen Werte, sondern aus dem Hälftewerte der zum Nachlasse des A gehörigen Grundstücke zu erheben. Wird auf Ableben des B nicht der C, sondern ein Dritter (D) Erbe des B, so ist aus diesem Anlasse von D die Besitzveränderungsgebühr aus dem Hälftewerte der Nachlaßgrundstücke zu erheben.

3. Nach Art. 251a ist im Falle des Vermächtnisses eines Grundstücks oder eines den Grundstücken gleichstehenden Rechts die vom Erben gezahlte Besitzveränderungsgebühr dem Erben zurückzuerstatten, wenn er den Nachweis erbringt, daß er das vom Erblasser einem Dritten vermachte Grundstück dem treffenden Vermächtnisnehmer aufgelassen hat und daß die Auflassungsgebühr hierfür entrichtet ist. Der Nachweis wird am einfachsten dadurch erbracht, daß dem Rentamt die bezügliche Uebereignungsurkunde sowie die Quittung über die bezahlte Vertrags- oder Auflassungsgebühr in Vorlage gebracht wird. Für die Anwendung des Art. 251a kommt es darauf an, wann im Vollzuge der Vermächtnisanordnung die Uebertragung des Eigentums am Grundstücke oder des treffenden Rechts an den Vermächtnisnehmer erfolgt ist. Hat die Auflassung nach dem 31. August 1906 stattgefunden, so erfolgt die Rückerstattung der Besitzveränderungsgebühr auch dann, wenn die Besitzveränderungsgebühr vor dem Inkrafttreten des Gesetzes vom 20. August 1906 bezahlt worden ist. Ist das Grundstück oder Recht bereits vor dem 1. September 1906 übertragen worden, so findet der Art. 251a keine Anwendung. Infolge der Aufhebung des Art. 313 (Art. I Ziff. 24 des Gesetzes vom 20. August 1906) kommt der Art. 251a vom 1. September 1906 an auch in jenen Bezirken

zur Anwendung, in denen das Grundbuch noch nicht als angelegt anzusehen ist.

4. Der Art. 251a findet selbstverständlich auch dann Anwendung, wenn der Erblasser zwar den Bedachten als „Erben" bezeichnet hat, nach der Auslegungsvorschrift des § 2087 des BGB. aber ein Vermächtnis anzunehmen ist.

VI. Notarielle Urkunden über die Aenderung von Zins- und Zahlungsbestimmungen. Vollstreckbare Ausfertigungen solcher Urkunden.

1. Die seitherige Streitfrage, ob notarielle Urkunden über die Aenderung von Zins- und Zahlungsbestimmungen früher bestellter Hypotheken nach Art. 145 oder nach Art. 160 Abs. 1 des Gebührengesetzes zu bewerten sind, ist durch die nunmehrige Fassung des Art. 160 Abs. 1, wodurch die Worte „insbesondere Rechtsgeschäfte, durch die der Inhalt eines Rechts an einem Grundstücke geändert wird" eingeschaltet wurden, im letzteren Sinne entschieden worden.

Daß zu den Rechtsgeschäften, durch die der Inhalt eines Rechts an einem Grundstücke geändert wird, auch die Vereinbarungen über die Aenderung der Zins- und Zahlungsbestimmungen einer Hypothek, z. B. die Umwandlung einer gewöhnlichen Darlehenshypothek in eine Annuitätenhypothek, die Erhöhung oder Herabsetzung des Zinsfußes gehören, ist bei der Beratung des Gesetzes vom 20. August 1906 anerkannt worden.

Außerdem fallen unter den Art. 160 Abs. 1 insbesondere aber auch die Aenderung der Fahrtrichtung bei einem Wegerechte (vgl. insbesondere § 1023), die Verteilung der Reallast bei einer Teilung des berechtigten Grundstücks (§ 1109), die Aenderung des belasteten Grundstücks, indem z. B. ein weiteres Grundstück mit der Hypothek belastet (vgl. z. B. § 1131) oder ein mithaftendes Grundstück aus der Haftung entlassen wird, die Aenderung des Ranges (§ 880), die nachträgliche Ausschließung der Erteilung eines Hypothekenbriefs sowie die Aufhebung der Ausschließung (§ 1116), die Ersetzung der Forderung, für welche die Hypothek besteht, durch eine andere, demselben Gläubiger zustehende Forderung (§ 1180), die Umwandelung einer Hypothek in eine Grundschuld oder umgekehrt (§§ 1186, 1198, 1203), die nachträgliche Bestellung eines Vertreters des Gläubigers bei einer Hypothek oder Grundschuld für die Forderung aus einer Inhaberschuldverschreibung (§§ 1189, 1195 des BGB.). Die allgemeine Fassung stellt ferner klar, daß es für die Anwendbarkeit des Art. 160 nicht darauf ankommt, ob das Rechtsgeschäft zwischen dem ursprünglichen Berechtigten oder Verpflichteten oder einem Rechtsnachfolger geschlossen wird.

Mit Ausnahme des Falles der Ersetzung einer Forderung, für welche eine Hypothek besteht, durch eine andere Forderung (vgl. Art. 119 Abs. 1 lit. b, Art. 160 Abs. 1 Satz 2) begründet es keinen Unterschied, ob das Rechtsgeschäft zwischen dem ursprünglichen Berechtigten und dem ursprünglich Verpflichteten oder einem Rechtsnachfolger abgeschlossen wird.

2. Durch die veränderte Fassung des Art. 173 Abs. 2 ist nunmehr außer Zweifel gestellt, daß nicht bloß vollstreckbare Ausfertigungen über Urkunden, in denen eine Hypothek neu bestellt ist, sondern auch vollstreckbare Ausfertigungen von Urkunden, in denen die Zins- und Zahlungsbestimmungen einer bereits bestellten Hypothek geändert werden, der ermäßigten Gebühr von 50 Pfennig unterliegen.

München, den 8. Januar 1907.

von Miltner. von Pfaff.

Anlage I.

Tabelle I

zur Berechnung der Gebühr des Art. 55 Ziff. 3a des Gebührengesetzes.

Der in dieser Tabelle berechnete Gebührenbetrag ist nur dann maßgebend, wenn er höher ist als der doppelte Betrag der Gebühr, welche die Aktiengesellschaft, Kommanditgesellschaft auf Aktien oder Gesellschaft mit beschränkter Haftung, sofern sie Einzelnkaufmann wäre, nach ihrer Gewerbsteuer gemäß Art. 55 Ziff. 1a zu bezahlen hätte.

Betrag des Gesellschaftskapitals bis einschließlich	Gebührenbetrag	Betrag des Gesellschaftskapitals bis einschließlich	Gebührenbetrag	Betrag des Gesellschaftskapitals bis einschließlich	Gebührenbetrag
M.	M.	M.	M.	M.	M.
50 000	30	330 000	63	570 000	87
100 000	40	340 000	64	580 000	88
110 000	41	350 000	65	590 000	89
120 000	42	360 000	66	600 000	90
130 000	43	370 000	67	610 000	91
140 000	44	380 000	68	620 000	92
150 000	45	390 000	69	630 000	93
160 000	46	400 000	70	640 000	94
170 000	47	410 000	71	650 000	95
180 000	48	420 000	72	660 000	96
190 000	49	430 000	73	670 000	97
200 000	50	440 000	74	680 000	98
210 000	51	450 000	75	690 000	99
220 000	52	460 000	76	700 000	100
230 000	53	470 000	77	710 000	101
240 000	54	480 000	78	720 000	102
250 000	55	490 000	79	730 000	103
260 000	56	500 000	80	740 000	104
270 000	57	510 000	81	750 000	105
280 000	58	520 000	82	760 000	106
290 000	59	530 000	83	770 000	107
300 000	60	540 000	84	780 000	108
310 000	61	550 000	85	790 000	109
320 000	62	560 000	86		

Betrag des Gesellschafts-kapitals bis einschließlich	Ge-bühren-betrag	Betrag des Gesellschafts-kapitals bis einschließlich	Ge-bühren-betrag	Betrag des Gesellschafts-kapitals bis einschließlich	Ge-bühren-betrag
ℳ	ℳ	ℳ	ℳ	ℳ	ℳ
800 000	110	1 400 000	170	4 000 000	430
810 000	111	1 450 000	175	5 000 000	530
820 000	112	1 500 000	180	6 000 000	630
830 000	113	1 550 000	185	7 000 000	730
840 000	114	1 600 000	190	8 000 000	830
850 000	115	1 650 000	195	9 000 000	930
860 000	116	1 700 000	200	10 000 000	1030
870 000	117	1 750 000	205		
880 000	118	1 800 000	210		
890 000	119	1 850 000	215		
900 000	120	1 900 000	220		
910 000	121	1 950 000	225		
920 000	122	2 000 000	230		
930 000	123				
940 000	124				
950 000	125	2 050 000	235		
960 000	126	2 100 000	240		
970 000	127	2 150 000	245		
980 000	128	2 200 000	250		
990 000	129	2 250 000	255		
		2 300 000	260		
1 000 000	130	2 350 000	265		
		2 400 000	270		
von jeden weiteren		2 450 000	275		
10 000 ℳ noch 1 ℳ		2 500 000	280		
		2 550 000	285		
sohin bei:		2 600 000	290		
		2 650 000	295		
		2 700 000	300		
1 050 000	135	2 750 000	305		
1 100 000	140	2 800 000	310		
1 150 000	145	2 850 000	315		
1 200 000	150	2 900 000	320		
1 250 000	155	2 950 000	325		
1 300 000	160	3 000 000	330		
1 350 000	165				

Anlage II.

Tabelle II

zur Berechnung der Gebühren des Art. 83 und 84 des Gebührengesetzes.

	Mündelvermögen		Einmalige Gebühr	jährliche Gebühr
	M.		M.	M.
	1000—1200	einschl.	4	0.40
mehr als	1200—1500	„	5	0.50
„	1500—1800	„	6	0.60
„	1800—2100	„	7	0.70
„	2100—2400	„	8	0.80
„	2400—2700	„	9	0.90
„	2700—3000	„	10	1.—
„	3000—3300	„	11	1.10
„	3300—3600	„	12	1.20
„	3600—3900	„	13	1.30
„	3900—4200	„	14	1.40
„	4200—4500	„	15	1.50
„	4500—4800	„	16	1.60
„	4800—5100	„	17	1.70
„	5100—5400	„	18	1.80
„	5400—5700	„	19	1.90
„	5700—6000	„	20	2.—
„	6000—6400	„	21	2.10
„	6400—6800	„	22	2.20
„	6800—7200	„	23	2.30
„	7200—7600	„	24	2.40
„	7600—8000	„	25	2.50
„	8000—8400	„	26	2.60
„	8400—8800	„	27	2.70
„	8800—9200	„	28	2.80
„	9200—9600	„	29	2.90
„	9600—10000	„	30	3.—

	Mündelvermögen		Einmalige Gebühr	jährliche Gebühr
	M.		M.	M.
mehr als	10000—10400	einschl.	31	3.10
„	10400—10800	„	32	3.20
„	10800—11200	„	33	3.30
„	11200—11600	„	34	3.40
„	11600—12000	„	35	3.50
„	12000—12400	„	36	3.60
„	12400—12800	„	37	3.70
„	12800—13200	„	38	3.80
„	13200—13600	„	39	3.90
„	13600—14000	„	40	4.—
„	14000—14400	„	41	4.10
„	14400—14800	„	42	4.20
„	14800—15200	„	43	4.30
„	15200—15600	„	44	4.40
„	15600—16000	„	45	4.50
„	16000—16400	„	45	4.60
„	16400—16800	„	47	4.70
„	16800—17200	„	48	4.80
„	17200—17600	„	49	4.90
„	17600—18000	„	50	5.—
„	18000—18400	„	51	5.10
„	18400—18800	„	52	5.20
„	18800—19200	„	53	5.30
„	19200—19600	„	54	5.40
„	19600—20000	„	55	5.50
„	20000—20400	„	56	5.60
„	20400—20800	„	57	5.70
„	20800—21200	„	58	5.80
„	21200—21600	„	59	5.90

Mündelvermögen	Einmalige Gebühr	jährliche Gebühr
ℳ	ℳ	ℳ
mehr als 21600—22000 einschl.	60	6 —
„ 22000—22400 „	61	6 10
„ 22400—22800 „	62	6.20
„ 22800—23200 „	63	6.30
„ 23200—23600 „	64	6.40
„ 23600—24000 „	65	6.50
„ 24000—24400 „	66	6.50
„ 24400—24800 „	67	6.70
„ 24800—25200 „	68	4.80
„ 25200—25600 „	69	6.90
„ 25600—26000 „	70	7.—
„ 26000—26400 „	71	7.10
„ 26400—26800 „	72	7.20
„ 26800—27200 „	73	7.30
„ 27200—27600 „	74	7.40
„ 27600—28000 „	75	7.50
„ 28000—28400 „	76	7.60
„ 28400—28800 „	77	7.70
„ 28800—29200 „	78	7.80
„ 29200—29600 „	79	7.90
„ 29600—30000 „	80	8.—
„ 30000—30400 „	81	8.10
„ 30400—30800 „	82	8.20
„ 30800—31200 „	83	8.30
„ 31200—31600 „	84	8.40
„ 31600—32000 „	85	8.50
„ 32000—32400 „	86	8.60
„ 32400—32800 „	87	8.70
„ 32800—33200 „	88	8.80
„ 33200—33600 „	89	8.90
„ 33600—34000 „	90	9.—
„ 34000—34400 „	91	9.10
„ 34400—34800 „	92	9.20
„ 34800—35200 „	93	9.30
„ 35200—35600 „	94	9 40
„ 35600—36000 „	95	9.50

Mündelvermögen	Einmalige Gebühr	jährliche Gebühr
ℳ	ℳ	ℳ
mehr als 36000—36400 einschl.	96	9.60
„ 36400—36800 „	97	9.70
„ 36800—37200 „	98	9.80
„ 37200—37600 „	99	9.90
„ 37600—38000 „	100	10.—
„ 38000—38400 „	101	10.10
„ 38400—38800 „	102	10.20
„ 38800—39200 „	103	10.30
„ 39200—39600 „	104	10.40
„ 39600—40000 „	105	10.50
„ 40000—40400 „	106	10.60
„ 40400—40800 „	107	10.70
„ 40800—41200 „	108	10.80
„ 41200—41600 „	109	10.90
„ 41600—42000 „	110	11.—
„ 42000—42400 „	111	11.10
„ 42400—42800 „	112	11.20
„ 42800—43200 „	113	11.30
„ 43200—43600 „	114	11.40
„ 43600—44000 „	115	11.50
„ 44000—44400 „	116	11.60
„ 44400—44800 „	117	11.70
„ 44800—45200 „	118	11.80
„ 45200—45600 „	119	11.90
„ 45600—46000 „	120	12.—
„ 46000—46400 „	121	12.10
„ 46400—46800 „	122	12.20
„ 46800—47200 „	123	12.30
„ 47200—47600 „	124	12.40
„ 47600—48000 „	125	12.50
„ 48000—48400 „	126	12.60
„ 48400—48800 „	127	12.70
„ 48800—49200 „	128	12.80
„ 49200—49600 „	129	12.90
„ 49600—50000 „	130	13.—

	Mündelvermögen		Einmalige Gebühr	jährliche Gebühr		Mündelvermögen		Einmalige Gebühr	jährliche Gebühr
	M.		M.	M.		M.		M.	M.
mehr als	50000—50400	einschl.	131	13.10	mehr als	64800—65200	einschl.	168	16.80
„	50400—50800	„	132	13.20	„	65200—65600	„	169	16.90
„	50800—51200	„	133	13.30	„	65600—66000	„	170	17.—
„	51200—51600	„	134	13.40	„	66000—66400	„	171	17.10
„	51600—52000	„	135	13.50	„	66400—66800	„	172	17.20
„	52000—52400	„	136	13.60	„	66800—67200	„	173	17.30
„	52400—52800	„	137	13.70	„	67200—67600	„	174	17.40
„	52800—53200	„	138	13.80	„	67600—68000	„	175	17.50
„	53200—53600	„	139	13.90	„	68000—68400	„	176	17.60
„	53600—54000	„	140	14.—	„	68400—68800	„	177	17.70
„	54000—54400	„	141	14.10	„	68800—69200	„	178	17.80
„	54400—54800	„	142	14.20	„	69200—69600	„	179	17.90
„	54800—55200	„	143	14.30	„	69600—70000	„	180	18.—
„	55200—55600	„	144	14.40	„	70000—70400	„	181	18.10
„	55600—56000	„	145	14.50	„	70400—70800	„	182	18.20
„	56000—56400	„	146	14.60	„	70800—71200	„	183	18.30
„	56400—56800	„	147	14.70	„	71200—71600	„	184	18.40
„	56800—57200	„	148	14.80	„	71600—72000	„	185	18.50
„	57200—57600	„	149	14.90	„	72000—72400	„	186	18.60
„	57600—58000	„	150	15.—	„	72400—72800	„	187	18.70
„	58000—58400	„	151	15.10	„	72800—73200	„	188	18.80
„	58400—58800	„	152	15.20	„	73200—73600	„	189	18.90
„	58800—59200	„	153	15.30	„	73600—74000	„	190	19.—
„	59200—59600	„	154	15.40	„	74000—74400	„	191	19.10
„	59600—60000	„	155	15.50	„	74400—74800	„	192	19.20
„	60000—60400	„	156	15.60	„	74800—75200	„	193	19.30
„	60400—60800	„	157	15.70	„	75200—75600	„	194	19.40
„	60800—61200	„	158	15.80	„	75600—76000	„	195	19.50
„	61200—61600	„	159	15.90	„	76000—76400	„	196	19.60
„	61600—62000	„	160	16.—	„	76400—76800	„	197	19.70
„	62000—62400	„	161	16.10	„	76800—77200	„	198	19.80
„	62400—62800	„	162	16.20	„	77200—77600	„	199	19.90
„	62800—63200	„	163	16.30	„	77600—78000	„	200	20.—
„	63200—63600	„	164	16.40	„	78000—78400	„	201	20.10
„	63600—64000	„	165	16.50	„	78400—78800	„	202	20.20
„	64000—64400	„	166	16.60	„	78800—79200	„	203	20.30
„	64400—64800	„	167	16.70	„	79200—79600	„	204	20.40
					„	79600—80000	„	205	20.50

Mündelvermögen			Einmalige Gebühr	jährliche Gebühr
	M.		M.	M.
mehr als	80000—80400	einschl.	206	20.60
„	80400—80800	„	207	20.70
„	80800—81200	„	208	20.80
„	81200—81600	„	209	20.90
„	81600—82000	„	210	21.—
„	82000—82400	„	211	21.10
„	82400—82800	„	212	21.20
„	82800—83200	„	213	21.30
„	83200—83600	„	214	21.40
„	83600—84000	„	215	21.50
„	84000—84400	„	216	21.60
„	84400—84800	„	217	21.70
„	84800—85200	„	218	21.80
„	85200—85600	„	219	21.90
„	85600—86000	„	220	22.—
„	86000—86400	„	221	22.10
„	86400—86800	„	222	22.20
„	86800—87200	„	223	22.30
„	87200—87600	„	224	22.40
„	87600—88000	„	225	22.50
„	88000—88400	„	226	22.60
„	88400—88800	„	227	22.70
„	88800—89200	„	228	22.80
„	89200—89600	„	229	22.90
„	89600—90000	„	230	23.—
„	90000—90400	„	231	23.10
„	90400—90800	„	232	23.20

Mündelvermögen			Einmalige Gebühr	jährliche Gebühr
	M.		M.	M.
mehr als	90800—91200	einschl.	233	23.30
„	91200—91600	„	234	23.40
„	91600—92000	„	235	23.50
„	92000—92400	„	236	23.60
„	92400—92800	„	237	23.70
„	92800—93200	„	238	23.80
„	93200—93600	„	239	23.90
„	93600—94000	„	240	24.—
„	94000—94400	„	241	24.10
„	94400—94800	„	242	24.20
„	94800—95200	„	243	24.30
„	95200—95600	„	244	24.40
„	95600—96000	„	245	24.50
„	96000—96400	„	246	24.60
„	96400—96800	„	247	24.70
„	96800—97200	„	248	24.80
„	97200—97600	„	249	24.90
„	97600—98000	„	250	25.—
„	98000—98400	„	251	25.10
„	98400—98800	„	252	25.20
„	98800—99200	„	253	25.30
„	99200—99600	„	254	25.40
„	99600—100000	„	255	25.50
	von jeden weiteren 400 M.		noch 1	0.10

Zur Berechnung der Gebühr des Art. 83 aus Mündelvermögen von mehr als 100000 M. ist zunächst das Mündelvermögen auf den nächst höheren, durch 400 ohne Rest teilbaren Betrag aufzurunden. Hiervon sind die ersten 100000 M. in Abzug zu bringen; der Rest ist alsdann mit 400 zu dividieren. Der sich hierdurch ergebende Betrag stellt zuzüglich des Betrages von 255 M. für die ersten 100000 M. die in Ansatz zu bringende Gebühr dar.

Beträgt z. B. das Mündelvermögen 788800 M., so ist anzusetzen:

788800 M.
hievon ab 100000 „
bleiben: 688800 M.
dividiert mit: 400 = 1722 M.
hiezu Gebühr für die ersten 100000 M. . . . . 255 „
ergibt als in Ansatz zu bringende Gebühr . . . . . . 1977 M.

Die Gebühr des Art. 84 beträgt ein Zehntel der Gebühr des Art. 83.

Anlage III.

Verzeichnis

der im Monate . . . . . 19 . . erfolgten, nach Art. 55 des Gebührengesetzes zu bewertenden Eintragungen in das Handelsregister des

K. Amtsgerichts . . . .

An das K. . . . . Rentamt . . . . zur Bekanntgabe der veranlagten Gewerbsteuerbeträge. Mit 1 Duplikat.

. . . . , den . . . . 19 . .

K. Amtsgericht . . . . (Gerichtsschreiberei)

. . . .

An das K. Amtsgericht . . . . , (Gerichtsschreiberei) zurück unter Bezugnahme auf die Einträge in Rubrik 6 und 7.

. . . . , den . . . . 19 . .

K. . . . . Rentamt . . . .

Laufende Nummer	Nummer der Registerakten	Tag der Eintragung	Firma und Sitz des Kaufmanns oder der Gesellschaft	Art der Eintragung	Veranlagte Gewerbsteuer				Betrag der Gebühr		Nummer des Gebührenregisters	Bemerkungen
					rechtskräftig		noch nicht rechtskräftig					
1	2	3	4	5	6		7		8		9	10
					M.	Pf.	M.	Pf.	M.	Pf.		

Anlage IV.

Verzeichnis

der Fälle in denen nach Art. 55 Ziff. 3 des Gebührengesetzes gestundete Gebühren abgeschrieben wurden, weil das Gesellschaftskapital in absehbarer Zeit nicht zur Einzahlung gelangt.

Fortlaufende Nummer	Bezeichnung der pflichtigen Gesellschaft	Betrag des Gesellschaftskapitals, aus dem die Gebühr vom Gerichtsschreiber berechnet ist	Betrag der vom Gerichtsschreiber angesetzten Gebühr und Geb. Reg. Nummer	Von der in Rubrik 4 bezeichneten Gebühr sind eingezahlt (Jahr der Einzahlung und Rückstandsregister-Nummer)	Von der in Rubrik 4 bezeichneten Gebühr sind abgeschrieben (Jahr der Abschreibung und Libell-Nummer)	Bemerkungen
1	2	3	4	5	6	7
.	.	.	.	.	.	.
.	.	.	.	.	.	.
8	Versicherungs-Aktiengesellschaft Y in N	10 Mill. Mark	1030 M. Geb. Reg der Gerichtsschreiberei des K. A.G. N Nr. 410 1906	530 M. aus 50% Einzahlung Rückst. Reg.Nr. 25 1906	500 M. Libell ... Nr. 10/1906	Nach Mitteilung der Gesellschaft werden die restigen 50% des Gesellschaftskapitales voraussichtlich in absehbarer Zeit nicht zur Einforderung gelangen.

Alphabetisches Register.

(Die Zahlen bedeuten die Seiten.)

A.

B.

E.

Kaisenberg, H., † Notar und Justizrat in München.

Kommentar zum Bayer. Notariatsgesetz v. 9. Juni 1899. Nach des Verfassers Tod fortgeführt von K. Notar **Dr. Dennler** in Lauf. gr. 8°. ca. 30 Bogen. Preis brosch. ca. **Mk. 10.—**, geb. ca. **Mk. 12.—**.

Die Schlußlieferung erscheint in allernächster Zeit. Des ersten Verfassers Krankheit und Tod und andere ungünstige Umstände haben es verhindert, diesen Kommentar rascher zu Ende zu führen, der bei den bayerischen Notaren größte Wertschätzung genießt, obgleich er lange Jahre nur in Bruchstücken (3 Lieferungen) vorlag.

Kaisenberg, H., †, Notar und Justizrat in München.

Gesetz, das Unschädlichkeitszeugnis betr., v. 15. Juni 1898. Handausgabe mit einleit. Text, Bemerkungen, Sachregister und Beispielen. 8°. (X, 146 S.) 1899. In Ganzl. geb. **Mk. 3.—**.

Koch, Dr. J. B., K. Amtsrichter in München.

Gesetz, die Überleitung von Hypotheken betr., vom 15. Mai 1906. Mit einem Anhang: **Die Behandlung der Kautionshypothek im Zwangsversteigerungsverfahren.** Für den praktischen Gebrauch erläutert. 8°. (46 S.) 1906. **Kart Mk. 1.40.**

Meikel, Gg., K. II. Staatsanwalt in München.

Kommentar zur Grundbuchordnung für das Deutsche Reich mit besonderer Berücksichtigung Bayerns. gr. 8°. ca. 30 Bogen. Im Druck. Preis etwa **Mk. 10.—**.

Den täglichen Bedürfnissen der bayerischen Praxis genügt nur ein Kommentar, der eine einheitliche Darstellung des in Bayern auf Grund der reichsrechtlichen und der landesrechtlichen Normen geltenden Grundbuchrechts bietet; den Versuch eines solchen unternimmt das vorliegende Buch.

Frankenburger, Dr. Heinr., Rechtsanw. und Justizrat in München.

Handelsgesetzbuch für das Deutsche Reich (mit Ausnahme des Seerechts) nebst dem Einführungsgesetze. Handausgabe mit Erläuterungen und ausführlichem Sachregister. 2. **vollständig umgearbeitete Auflage**. 8°. (XI, 724 S.) 1902. In Ganzl. geb. Mk. 8.60.

MIX
Papier | Fördert
gute Waldnutzung
FSC® C083411

Kolibri 360 GmbH
Ferdinand-Jühlke-Straße 7
99095 Erfurt, Deutschland
produktsicherheit@kolibri360.de